Couverture inférieure manquante

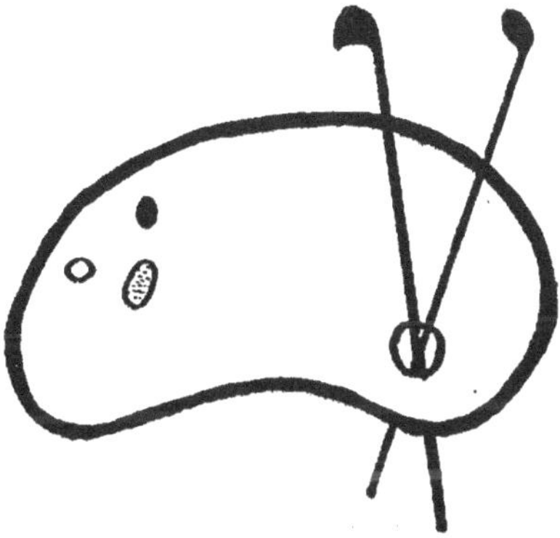

DEBUT D'UNE SERIE DE DOCUMENTS
EN COULEUR

92 (

MARCELLIN BOUDET

PRÉSIDENT DE LA SOCIÉTÉ « LA HAUTE-AUVERGNE »

COMTES D'AUVERGNE

AUX Ve & VIe SIÈCLES

ET LE

PALAIS DE VICTORIUS

PARIS

CHAMPION, éditeur

9, quai Voltaire

8° 4745

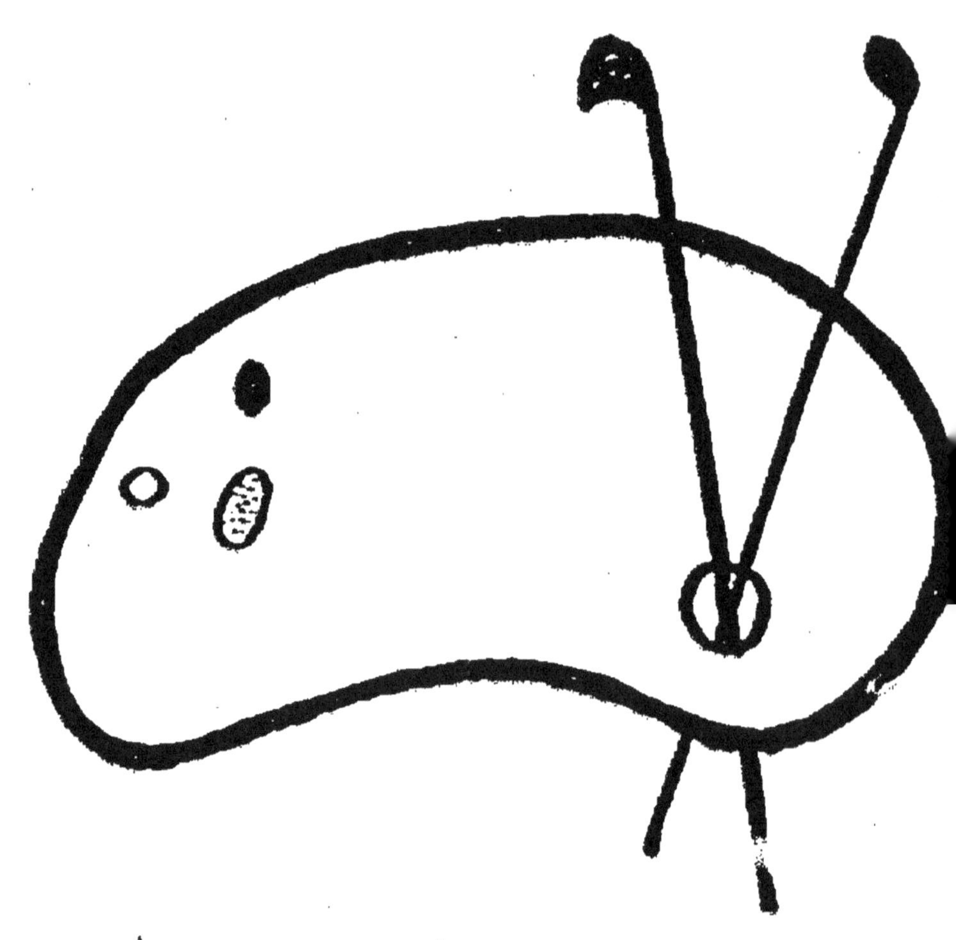

FIN D'UNE SERIE DE DOCUMENTS
EN COULEUR

LES
COMTES ET LES NATIONALITÉS
EN AUVERGNE
AUX Ve & VIe SIÈCLES

R.F. IMPRIMÉS

T,K-2

Les Comtes et les Nationalités en Auvergne

AUX Vᵉ ET VIᵉ SIÈCLES [1]

R.F. IMPRIMÉS

Il vient de paraître en Belgique deux études très intéressantes pour notre pays : *Les Comtes d'Auvergne au VIᵉ siècle* [1] et les *Nationalités en Auvergne au VIᵉ siècle* [2]. On peut se demander d'où vient que leur auteur, M. Godefroy Kurth, membre de l'Académie royale de Belgique, dont la célébrité dans l'Europe savante a été consacrée par ses beaux travaux sur Clovis, soit venu choisir des sujets d'étude dans notre province.

La raison en est que l'Auvergne est la région de France pour laquelle on a le plus de renseignements historiques aux Vᵉ et VIᵉ siècles; depuis longtemps elle sert de type aux historiens pour une grande partie de la Gaule de ce temps. Et s'il en est ainsi, on le devine aisément, c'est que les deux principales sources des annales de la France pour cette époque sont sorties de la plume du gallo-romain Sidoine Apollinaire évêque d'Auvergne, arverne par sa mère comme par sa principale résidence, son rôle politique et ses fonctions, et de celle de Grégoire de Tours, arverne de père et de mère.

M. Kurth distingue fort prudemment les sources historiques des récits légendaires. De ces derniers il ne tient pas de compte pour la chronologie et les catalogues. C'est ce qui fait la différence entre son œuvre et les listes de comtes dressées par nos historiens locaux, Audigier, Chabrol, Bouillet, Michel et Allier, et leurs copistes.

---

[1] Bulletin de l'Académie royale de Belgique. Classe des Lettres et des Sciences morales et politiques, 1899, fascicule 11, 769-795.

[2] Même Bulletin 1900, nº 4, 224-242.

I

CATALOGUE DES COMTES D'AUVERGNE DE 479 A 600.

L'auteur, qui n'a probablement aucun autre motif personnel de s'occuper de notre pays, fait observer avec raison que l'Auvergne est le terrain par excellence pour l'étude des rapports des comtes chefs de province avec les rois barbares, et de la politique suivie par les dynasties visigothe et mérovingienne dans le choix de leurs gouverneurs provinciaux. « Il n'y a pas un autre comté de l'époque franque, dit-il, pour lequel il serait possible de dresser un catalogue aussi relativement complet ; et, comme on va le voir, il a pour l'histoire une importance qui dépasse de beaucoup un simple intérêt de curiosité.

Nous constatons tout d'abord qu'à part une ou deux années d'état de siège, qui furent le châtiment inévitable de sa révolte, l'Auvergne fut gouvernée pendant plus de cent ans par des indigènes gallo-romains. Tous ceux de ces comtes dont nous connaissons quelque peu l'état civil appartiennent à l'aristocratie de l'Auvergne et des régions voisines, et nous avons le droit de croire qu'il en est de même de ceux sur la famille desquels nous ne possédons pas de renseignements. Les noms qu'ils portent sont d'abord la preuve évidente de leur nationalité, car on peut affirmer avec une entière certitude *qu'au VIe siècle*, en Auvergne comme dans toute la Gaule, si les indigènes prenaient souvent des noms germaniques, *jamais un barbare ne s'avisa de prendre un nom romain.* La nationalité gallo romaine de tous les comtes d'Auvergne ne saurait donc faire l'objet d'un doute sérieux. Ajoutons que les grandes familles montrent dès lors une forte propension à rendre la dignité de comte héréditaire dans leur sein, et qu'il y a des *familles comtales* comme il y a des *familles mitrées* [1], ou, pour mieux dire, que les grandes familles concentrent dans les mains de leurs membres les dignités laïques et ecclésiastiques. Le comte Apollinaire est le fils de l'évêque Sidoine et devient évêque à son tour. Le comte Hor-

---

[1] *Domus infulatæ.*

tensius a pour fils l'évêque Evodius, pour petit-fils l'évêque Salluste. Le comte Georges appartient, selon toute apparence, à la grande famille de Grégoire de Tours, qui se vantait d'avoir donné à la ville de Tours tous ses évêques excepté cinq. Le comte Britianus a pour gendre le comte Firminus, et pour fils le comte Paladius, du Gévaudan.

Toutefois, si nous constatons ici le point de départ de la tendance qui aboutira à rendre les dignités publiques héréditaires dans les grandes familles, nous devons reconnaître en même temps qu'elle est encore loin d'avoir triomphé. Si le roi choisit de préférence ses agents parmi les membres de l'aristocratie, c'est parce qu'il est dans les intérêts de son pouvoir de se procurer, autant que possible, l'appui de celle-ci dans une province où elle est si puissante.

C'est bien le roi qui, en Auvergne, dispose souverainement de la dignité de comte ; les rivaux qui se la disputent font assaut auprès de lui d'intrigues et de dépenses ; et c'est à Metz ou à Trèves qu'en dernier ressort on décidera qui doit devenir comte d'Auvergne ; de même qu'on y décide qui deviendra évêque de Clermont. Les comtes sont nommés, destitués, rappelés selon le bon plaisir du souverain ; ils continuent de n'être que des fonctionnaires révocables, ils sont encore bien loin de se trouver des feudataires. Le jour va venir sans doute où cette situation changera, et où l'aristocratie finira par s'imposer au roi ; mais, au VIe siècle, il n'est pas encore venu, pas même pour cette province, qui fut peut-être la plus aristocratique des Gaules. »

« On voit d'ici les perspectives qui s'ouvriraient pour nous sur l'histoire de l'aristocratie gallo-romaine et sur celle de la conquête franque, ajoute M. Kurth, si des renseignements comme ceux que j'ai pu grouper pour l'Auvergne nous étaient fournis pour les autres comtés. Ce n'est pas le cas malheureusement. Alors que le seul comté d'Auvergne nous offre une série de onze comtes dont nous connaissons le nom et parfois l'état civil, nous n'en connaissons pas plus de quarante pour tout le reste de la Gaule, et il faut renoncer à tracer pour n'importe quel autre comté le tableau esquissé ci-dessus pour celui de Clermont. »

A la liste officielle des comtes d'Auvergne de 479 à 600, c'est-à-dire de ceux constatés par un texte historique contemporain ou à peu près contemporain, nous ajouterons non pas une biographie mais une courte note et de non moins courtes explications pour ceux qui n'ont d'appui que dans les légendes hagiographiques. Aucune de ces légendes, en effet, n'a une antiquité prouvée comparable aux écrits de Sidoine et de Grégoire. Le fonds en est généralement vrai, mais comment pouvoir affirmer que le narrateur, qui mit en écrit, du VIIIe au XIe siècle par exemple, la tradition orale sur les actes de saints ayant vécu plusieurs siècles avant lui, ne se soit pas trompé sur l'onomastique des gouverneurs du pays, point accessoire à son sujet. Quelque respect qu'elles puissent mériter, elles n'offrent pas à la chronologie administrative du VIe siècle la sécurité que nous trouvons dans les récits des contemporains acteurs et témoins des événements; de gens surtout qui, comme le gendre de l'empereur Avitus et le plus célèbre des *Georgii*, trouvèrent dans leurs familles sénatoriales et comtales des témoignages précis sur les faits auxquels ces familles furent directement mêlées. Ce n'est pas à dire que les légendes des Saints ne contiennent aucune notion digne de foi sur le nom des fonctionnaires provinciaux ; mais il y a des différences à faire entre elles; et la critique, à ce point de vue, en est difficile.

I. — VICTORIUS (479-488).

Victorius est l'un des comtes les plus connus de l'Auvergne et de toutes les Gaules ; il est le premier des temps barbares et sa place est marquée dans l'histoire nationale. Citons encore ici le savant belge ; aussi bien est il plus doux d'entendre vanter son pays par les étrangers que de le louer soi-même :

« L'Auvergne avait été, vers la fin du Ve siècle, le boulevard du patriotisme en Gaule. Elle avait déployé pour la défense de la civilisation romaine contre les barbares, un héroïsme égal à celui dont elle avait fait preuve du temps de Vercingétorix, pour la défense de la liberté nationale contre les légions de César. Tout l'occident avait admiré le siège victorieux soutenu par la ville de Clermont contre les troupes d'Euric, et s'était redit les exploits presque fabuleux de l'illustre Ecdicius. Mais la lâcheté de l'empereur Julius Nepos avait rendu stérile tant de dévouement et de courage. Dès l'année suivante[1], il livrait à l'ennemi la généreuse cité qui avait triomphé de lui, et les armées visigothiques entraient au nom de l'Empire dans ces murs qu'elles n'avaient pu emporter. Les patriotes prirent le chemin de l'exil ; Ecdicius alla terminer dans un refuge obscur une carrière si digne de l'admiration de la postérité, et Sidoine Appolinaire fut relégué loin de sa ville épiscopale, dans le pays de Narbonne[2].

Le vainqueur, si on peut lui donner ce titre, fut digne de la victoire. Ce farouche barbare, cet ardent persécuteur du nom catholique sut traiter avec des ménagements exquis une ville si attachée à sa nationalité et à sa foi. Il lui donna pour gouverneur un Romain, probablement un indigène nommé Victorius, qui était un catholique pieux et zélé. Afin de l'armer contre des résistances éventuelles, il lui avait confié, avec le titre de duc, l'administration des *sept cités*. Pendant que partout ailleurs, dans le royaume visigoth, les églises catholiques tombaient en ruines et qu'il était défendu de pourvoir aux vacances des sièges épiscopaux, Victorius put, sans doute de l'aveu du maître, donner de multiples preuves de son orthodoxie et de son zèle religieux. Il bâtit des églises ; il témoigna publiquement de sa vénération envers le reclus Abraham ; il assista même à ses funérailles, à la grande édification de Sidoine Apollinaire, qui le glorifie de cet acte de courage et de foi[3]. Il fit plus ; il voulut donner une preuve de sa sollicitude pour les intérêts matériels de la ville de Clermont, et il imagina de l'agrandir en y bâtissant un nouveau quartier. Un siècle après, on montrait encore,

[1] 475. Les Visigoths prirent possession de la province au mois d'octobre de cette année.

[2] Kurth. *Clovis*, pp. 336-339. Jornandès, qui appelle Ecdicius *Decius*, mais le dit en même temps fils de l'empereur Avitus, ce qui exclut toute confusion, s'exprime ainsi : *Decius relicta patria, ad tutiora loca se collegit* (Jorn. *De rebus Getic.* XLV). Il avait repoussé les lettres de patrice que l'empereur lui envoyait au moment même où il abandonnait la Gaule romaine aux barbares. Un historien d'Auvergne a patriotiquement dit : « La destinée de la province se lie à la naissance et à la mort de l'empire romain par deux noms héroïques que toute histoire pourrait nous envier : Vercingétorix, qui représente le dévouement et l'intelligence au milieu de la barbarie ; Ecdicius, qui représente l'honneur et la vertu au milieu de la corruption ! Ainsi pour voir succomber avec noblesse, avec grandeur, à 530 ans de distance, la civilisation celtique ou romaine, c'est sur *notre coin de terre*, comme parle l'évêque Sidoine, qu'il faut fixer les yeux. » (*Ancienne Auvergne*, I, 272).

[3] Sid. Apoll. *Epistolæ*, VII, 17. — Grég. de Tours, *Hist. Franc.*, II, 20. — *Glor. Martyr.*, 41. — *Glor. Confess.*, 32. — *Vitæ Patrum*, 3.

dans le voisinage de la ville, les substructions de ce vaste travail, qui paraît n'avoir pas été continué [1].

« Mais, malgré toutes ces marques de bonne volonté, qui à tout autre auraient valu l'approbation sans réserve de Grégoire de Tours, celui-ci ne parle qu'avec antipathie du gouverneur visigoth. Est-ce rivalité de famille ou aversion pour le régime que servait Victorius? Je ne sais; mais il ne paraît pas que celui-ci ait gagné de la popularité à Clermont. Après une administration qui avait duré neuf ans, il mourut à Rome dans des circonstances assez obscures. On ne sait ce qu'il y était allé faire, et la chose d'ailleurs importe peu à notre sujet.

« ... C'est donc dans les premiers rangs de l'aristocratie indigène que le roi visigoth est allé prendre le gouverneur de l'Auvergne. Qu'un tel homme (Victorius) se soit rallié au régime, c'est la preuve, semble-t-il, que l'on est resté fidèle à la politique d'Euric vis-à-vis de cette province, et il y a lieu de croire qu'elle a porté des fruits de pacification. »

Brioude paraît être à cette époque la ville la plus importante de la province après Clermont. Victorius avait, près de Brioude, un palais sur lequel nous fournirons quelques indications, car ce palais a une histoire.

II. — Apollinaire (après 488-506).

Apollinaire était le fils de Sidoine et de Papianilla. La patriotique attitude de son père lorsque l'empereur de Rome céda l'Auvergne aux Visigoths, fit place à une grande habileté devant le fait accompli. Ralliés, les Apollinaires devinrent les protecteurs de leurs concitoyens auprès de la cour arienne des rois visigoths et leur province put garder son culte, ses coutumes et toute la somme de liberté que le temps comportait. Apollinaire, nommé comte d'Auvergne par le roi visigoth, sans que l'on soit certain qu'il ait immédiatement succédé à Victorius, donna l'exemple de la fidélité aux nouveaux maîtres de son pays. Il commandait le contingent arverne qui rejoignit l'armée d'Alaric, lorsqu'en 506 la guerre éclata entre les Visigoths et les Francs. « C'en est assez pour nous autoriser à croire que celui-ci était alors

[1] Grég., *Hist. Franc.*, II, 37.

comte de la cité. ». Nous opinons avec M. Kurth sans hésitation, parce que le commandement du contingent provincial était alors la plus importante prérogative des comtes, à la fois généraux, préfets, gouverneurs et chefs du service financier. Ce petit-fils de l'empereur Avitus appartenait à l'élite du patriciat arverne. Sous ses ordres les citoyens de l'Auvergne combattirent vaillamment les Francs sur le champ de bataille de Vouillé, où ils laissèrent de nombreuses victimes. Dans leurs rangs se trouvait la fleur de l'aristocratie locale[1]. « Le gouvernement visigoth avait donc résolu, avec succès ce semble, le difficile problème de pacifier cette province si fière et si romaine. S'il s'était partout conduit de la sorte, il n'eût peut-être pas si lamentablement succombé sous les coups de l'ennemi. »

Malgré la rareté des renseignements, tout porte à croire que les Francs suivirent la politique de ménagements suivie par les Visigoths en Auvergne. M. Kurth suppose qu'Apollinaire céda le gouvernement de la province à un homme moins compromis que lui, en ne le voyant ni exilé, ni inquiété. Il est certain qu'en 515, il se fit conférer par Thierry Ier le siège épiscopal de Clermont[2].

III. — Hortense, *Hortensius* (516-527).

La preuve que les Francs ne trouvèrent rien de mieux que de suivre la politique des Visigoths, c'est qu'ils laissèrent le gouvernement de l'Auvergne à ses chefs indigènes. L'auteur a raison de dire que c'était le meilleur moyen de se concilier le peuple et de désarmer les plus dangereux éléments de l'opposition ; car la caste sénatoriale, instruite, charitable et très respectée dans son ensemble, dirigeait l'opinion. On pourrait presque dire qu'elle était l'opinion, tant son prestige était grand. Entre 516 et 527, c'est le patricien de Clermont, Hortense, qui gouverne, comme comte, la province pour Thierry, roi d'Austrasie, Grégoire de Tours nous en est garant[3].

---

[1] *Maximus ibi tunc Arvernorum populus, qui cum Apollinare venerat; et primi, qui erant de Senatoribus, corruerunt.* (Grég. de Tours. *Hist. Franc.*, II, 37).

[2] Grég. de Tours. *Hist. Franc.*, III, 2.

[3] Grég. de Tours. *Hist. Franc.*, IV, 35. D'après Grégoire, le comte Hortense gouverna l'Auvergne pendant l'épiscopat de saint Quintien, lequel fut évêque de Clermont de 516 à 527.

Arcade (Arcadius) 532 env.

Alors s'ouvre une courte période révolutionnaire. Vers 532, un des Apollinaires, Arcade, fils du comte Apollinaire et d'Alcime, petit-fils de Sidoine par conséquent, ourdit à Clermont un complot pour faire passer l'Auvergne sous la domination de Childebert, roi de Paris. Le bruit ayant couru que Thierry vient de mourir en Thuringe, Arcade en profite pour introduire Théodebert dans la ville[1]. La nouvelle était fausse. Thierry accourt et tire une vengeance terrible de cette défection. Arcade se réfugie à la cour de Childebert; les fils des sénatoriaux qui ont trempé dans la conspiration sont emmenés prisonniers en France. « Il fallut de longues années à l'Auvergne pour se remettre de cette crise plus funeste que la conquête visigothique; et une génération après, le terrible souvenir en était tout vivant dans l'esprit des populations ».

Certains écrivains se sont autorisés de ces faits pour introduire Arcade parmi les comtes. Aucun texte, même légendaire, ne lui accorde la fonction comtale. Aucun de ses actes ne la lui suppose nécessairement[2]. Il est possible qu'il ait un instant commandé pour Childebert, mais avec quels pouvoirs, c'est ce qu'on ignore. Aussi la porte du Catalogue lui est-elle fermée.

Basole (Basolus).

Il en est de même de Basole que Gessalic, roi des Visigoths, fils naturel d'Alaric, aurait fait comte d'Auvergne[3]. La charte, dite de Clovis, où il figure, est un document apocryphe[4], valable seulement comme pièce du IXe ou Xe siècle et en tant que nomenclature des biens donnés au monastère de Mauriac, membre de l'abbaye de Saint-Pierre de Sens. Cette charte, composée d'après de vieux états de redevances de ce monas-

---

[1] Grég. *Ibid.*. III, 9.

[2] M. Kurth se demande même (*Bull. de l'Acad. roy. de Belgique*, 1899, fascic. 2, p. 772), si l'épisode est bien à sa place, vu qu'il est la doublure d'une aventure pareille attribuée à l'épiscopat de Saint-Gal, évêque de Clermont « cette fois, dit-il, avec plus de vraisemblance. »

[3] Bouillet et autres érudits d'Auvergne admettent Basolus sur la seule foi de la charte de Mauriac. Voir notamment *Tablettes histor. de l'Auv.*, I, 481, reproduites par Tardieu sans contrôle. (*Hist. de Clermont*, I, 457).

[4] Voir la *Sainte-Théodechilde*, de l'abbé Chaleau, qui nous paraît s'être trop avancé dans cette étude. C'est pourtant un sérieux travail, utile à consulter.

tère, des pancartes ou des mémoriaux de donations, est d'ailleurs très intéressante au point de vue géographique. Elle fait dire à Clovis en parlant de sa fille Théodechilde, qui lui demande des biens pour fonder un monastère en l'honneur des saints Pierre et Paul : « Je lui livre le duc Basole naguère superbe et enflé d'orgueil maintenant humilié et que je tiens dans les fers avec tous les siens. Je donne dès aujourd'hui et pour toujours au monastère de Saint-Pierre de Sens, les châteaux, les bourgs, les terres, les églises qui ont appartenu à Basole... Les biens de Basole sont situés dans les provinces d'Auvergne, du Limousin et du Quercy ». On voit bien là que le duc Basole a des propriétés en diverses provinces, notamment en Auvergne et, dans la suite de la charte, que ses propriétés d'Auvergne sont surtout situées à Mauriac et dans les environs, sur les marches du Limousin ; mais on n'y voit nulle part qu'il exerce les fonctions comtales en Auvergne. Basole doit donc être exclu des listes publiées jusqu'à ce jour. M. Kurth ne lui fait pas même l'honneur de le nommer pour le combattre.

Agésippe.

Exclu également par M. Kurth, comme insuffisamment prouvé [1].

Sigivald (522-533 env.) [2].

Il n'en doit pas être de même, suivant nous, de Sigivald. Après le complot d'Arcade et l'expédition de Thierry, apparaît pour la première fois, un barbare à la tête du gouvernement de l'Auvergne. Le roi franc n'a plus de confiance dans les grands du pays ; il y place un de ses parents, Sigivald. La présence de ce chef dans la province et le pouvoir qu'il y exerçait au nom du souverain sont formellement constatés par Grégoire de Tours [3]. Cependant M. Kurth lui refuse une place dans son Catalogue et voici la raison qu'il en donne : « Son autorité eut quelque chose de temporaire et d'excep-

---

[1] Voir la biographie légendaire de saint Genès, unique document où figure le comte Agésippe.

[2] M. Kurth n'ose ni affirmer Sigivald comme comte ni l'exclure de sa nomenclature. (*Loc. cit.*, p. 783).

[3] *Hist. Franc.* III, 12, 13. — *Vitæ Patr.*, IV, 2. — *Virtutes S, Juliani*, 13. — Voir aussi *Formulæ Arvernenses*.

tionnel. Il fut bien moins un comte investi de pouvoirs réguliers que le gouverneur militaire d'un pays en état de siège, comme nous dirions aujourd'hui. Aussi Grégoire qui parle de lui à diverses reprises ne lui donne-t-il jamais le titre de comte ; une seule fois il le qualifie de *dux*, terme beaucoup plus vague et plus élastique. »

Ici l'opinion du savant belge ne nous paraît pas devoir être suivie. L'idée de commandement militaire supérieur qui s'attache à la fonction du duc n'est nullement en contradiction avec le pouvoir comtal, tant s'en faut. Si le titre est plus vague, c'est par rapport à l'étendue du ressort, bien qu'ordinairement à cette époque, en Aquitaine, il s'entende des « sept cités » ou des « sept provinces » ; à moins que les multiples provinces confiées au duc ne soient spécifiées. Il est plus élastique, soit ! mais par en haut. Nous avons, sans sortir de l'Auvergne, plusieurs de ces comtes-ducs sous les deux premières dynasties. Nous avons vu Victorius et nous allons, en 585, trouver Nicet gouvernant, avec le titre de duc, l'Auvergne et plusieurs autres provinces d'Aquitaine. De plus, aucun comte ne se montre en Auvergne sous Sigivald ; et c'est précisément parce qu'il était une sorte de dictateur exerçant ses pouvoirs exceptionnels « d'état de siège » dans l'Auvergne après une tentative de révolte contre le pouvoir du roi Thierry, qu'il est illogique de supposer qu'il ne concentrait pas tous les pouvoirs du chef représentant le roi, y compris le pouvoir comtal avec son autorité militaire, administrative, judiciaire et financière. Nous croyons donc qu'il doit figurer dans le Catalogue ; et si nous ne lui accordons pas ici un numéro d'ordre, c'est uniquement pour ne pas nous départir du classement adopté par M. Kurth et le présenter au public tel qu'il l'a dressé. Cet historien, d'ailleurs, a bien compris que son sentiment était sujet à critique ; car s'il n'a pas numéroté Sigivald dans sa liste officielle, il l'y admet néanmoins à l'arrière-plan comme un comte possible.

Sigivald ne gouverna l'Auvergne qu'une année. Il fut mis à mort par ordre de Thierry, on ne sait pourquoi.

Beccon (532-33 env.).

Ce Beccon, dont le nom resta fort usité en Auvergne et dans les provinces limitrophes pendant la période médiévale sous la forme de Begon, était vraisemblablement aussi un des chefs barbares laissés en Auvergne par Thierry avec des garnisons franques. Le « comte Beccon », mentionné par Grégoire[1], resta peu dans le pays et le traita presque aussi durement que son prédécesseur, indice que la province supportait très difficilement le joug de gouverneurs étrangers. Elle voulait des gens connus d'elle, parlant son langage, partageant ses goûts, au courant de ses coutumes et ne la méprisant point. Nous ferons pour lui la même observation que pour Sigivald, et nous l'admettons nettement. L'Auvergne advint alors à Théodebert.

III *bis* — HORTENSE rétabli (532).

L'épreuve était faite une fois de plus. Théodebert réintégra Hortense et aussitôt le pays redevint tranquille sous le gouvernement de ses comtes indigènes.

Hortense eut, d'après Grégoire de Tours, un fils, Evode, élu évêque de Javols, c'est-à-dire du Gévaudan, lequel fut père de Salluste, plus tard comte d'Auvergne, et d'Eufraise, qui en brigua l'évêché. Cette famille arverno-romaine était une de celles où les dignités maîtresses du pays étaient comme une sorte de patrimoine ; nulle part on ne voit ces mœurs héréditaires manifestées d'aussi bonne heure et avec autant de force que dans cette partie montagneuse de l'Aquitaine. Les comtes sont toujours révocables et nommés par les rois, mais les rois ne peuvent gouverner facilement le pays qu'avec les seigneurs du pays.

IV. — EVODE, *Evodius* (entre 532 et 550 environ).

Evode, fils d'Hortense, est celui que Bouillet porte à tort sur sa liste aux environs de l'an 500 et avant 507. Il n'a pour lui comme document lui conférant la qualité de comte d'Auvergne que la légende de saint Dalmas, que l'auteur des *Scriptores Rerum Merovingicarum* qualifie d'apocryphe[2]. M. Godefroy Kurth l'écarte absolument comme comte vers 500

---

[1] *Hist. Franc.*, III, 23. — Voir aussi pour Sigivald, *Hist. Franc.*, III, 13, 21. — V, 12. — *Vit. Patr.*, V, 5 — XII, 2. 3. — *Virt. S. Juliani*, 14.

[2] Krusch, III, p. 519. *Vita Sancti Dalmatii.*

et, tout en l'inscrivant dans sa liste sous le numéro 4, il le laisse dans le doute comme successeur de son père Hortensius. « Ce qui s'y oppose, explique-t-il, c'est que Grégoire ne nomme Evodius que *quondam Evodius senator*[1], *Evodius quidam et senatoribus presbiter*[2], et même *Evodius* tout court[3]. Il est donc certain qu'il n'a pas vu en lui un comte. Il faudrait, par conséquent, admettre que le comte Evodius appartenait à une autre famille si l'on pouvait s'en rapporter au renseignement du *Vita (S. Dalmatii)* qualifié d'apocryphe par M. Krusch. Je laisse la question en suspens[4]. »

Voici comment s'exprime l'auteur de la *Vie de saint Dalmas*, élu évêque du Rouergue vers 516-520[5] : « Saint Dalmas vint au bourg de Brioude, place forte de la province d'Auvergne[6]. On y conduisait à la potence un criminel condamné au dernier supplice par un certain « tribun ». Le saint évêque sollicite sa grâce, mais le tribun reste inflexible et il ordonne de procéder à l'exécution. Alors Dalmas prie le Seigneur pour la vie du coupable qui n'en est pas moins conduit au gibet à la deuxième heure du jour, et pendu. Un jour et une nuit se passent. Lorsqu'on vint chercher le corps du supplicié pour l'ensevelir, on le trouva encore vivant... Evodius *comte de la ville* lui accorda sa grâce[7]. » On sait que la locution *comes urbis* ou *civitatis* prend la partie pour le tout, de même que l'évêque de Clermont s'entend de tout le diocèse. L'accord de la légende avec ce fait historique qu'Evode était à une époque correspondante un citoyen très considérable de la classe sénatoriale de Clermont ; et qu'avec les mœurs du temps et du pays, il est très naturel qu'il ait

---

[1] *Hist. Franc.*, IV, 3.

[2] *Vit. Patr.*, VI, 4.

[3] *Hist. Franc.*, IV, 13.

[4] *Bull. de l'Acad. de Belgique*, 1899, p. 776, note 1.

[5] Saint Dalmas fut sacré en 516, dit De Gaujal, après l'élection de saint Quintien au siège de Clermont. (*Etudes histor. sur le Rouergue*, I, 185). C'est trop tôt. Il ne paraît pas avoir occupé le siège de Rodez avant 535. Grégoire de Tours, contemporain de saint Dalmas, évêque des Rutènes, parle à deux reprises de lui, et dit qu'il mourut la 5e année du règne de Childebert, c'est-à-dire en 580. (*Hist. Franc.*, Lib., V, Cap. 5 et 47).

[6] In Brivatensem vicum Arvernæ civitatis oppidum, Dalmatius sanctus advenit. (*Ex Vita S. Dalmatii Ruth., episc. Auctore anonymo sed peranti-quo.* Rec. des Hist. D. Bouquet, III, 420).

[7] Rec. des Hist. *Loc. cit.*

succédé à son père dans l'office comtal, nous fait incliner fortement vers son admission. Ajoutez-y ce que Grégoire nous révèle du caractère ambitieux et inquiet du personnage (532-550 env.) et de son fils Eufraise. S'il fut comte de l'Auvergne, comme il semble, il dura peu. Il se fit prêtre, brigua l'épiscopat et fut élu à Javols, alors capitale du Gévaudan, mais en fut chassé par une émeute populaire le jour même de son sacre. Il mourut simple prêtre[1], justifiant ainsi la malédiction prononcée par l'évêque Quintien sur la maison de son père le comte Hortense[2].

V. — GEORGES, *Georgius* (entre 532 et 555).

Bien qu'originaire du Velay, Georges était, à n'en guère douter, de la famille sénatoriale des *Georgii*, qui est celle de Grégoire de Tours. Il devait être marié à Clermont ou dans le voisinage; car, après sa mort, sa femme continua de résider dans cette ville. Il fut certainement comte, et il le fut en Auvergne[3].

VI. BRITIAN, *Britianus* (entre 532 et 555)

Grégoire dit qu'il fut comte aussi, toutefois sans préciser le lieu[4]; qu'il demeurait à Clermont après sa sortie de charge; que son gendre Firmin y exerça les mêmes fonctions et que son fils Pallade les remplissait en Gévaudan. Il semble inacceptable que Grégoire, en parlant d'un gouverneur ayant sa résidence à Clermont, y possédant ses attaches de famille, n'ait pas indiqué le siége de son gouvernement s'il avait été ailleurs que dans cette ville, alors que, pour les fils de ce même Britian, il ne manque pas de localiser le ressort de leur administration hors de la province.

---

[1] Grég. *Vitæ Patrum*, VI, 4. Il fut prêtre sous l'épiscopat de saint Gal, qui dura de 525 à 553.

[2] « Maudite soit cette maison..... Je vous le demande, Seigneur, que de cette race qui n'obéit pas à l'évêque, il ne sorte jamais personne qui occupe le trône épiscopal! » (*Vit. Patr.*, IV, 3). Hortense retenait arbitrairement dans les prisons de Clermont, un parent de l'évêque nommé Honorat.

[3] Grégoire de Tours. *Gloria confessorum*, 21. — M. Kurth croit qu'il succéda à Hortensius rétabli. (*Bull. précité*, p. 776).

[4] *Hist. Franç.*, IV, 39. M. Kurth ajoute un point d'interrogation au nom de Britianus, tout en l'admettant dans sa liste.

VII. Firmin, *Firminius* (555).

Firmin avait épousé la fille de Britian et de Césarée et il était en fonctions en 555. Chramn, qui ne s'était pas encore ouvertement révolté contre son père Clotaire Ier, mais fuyait déjà sa cour, s'était établi en Auvergne, « où il tranchait du souverain ». Les fidèles de son père ne pouvaient être les siens. En 555, il ordonna d'arrêter Firmin, qui courut avec sa belle-mère Césarée se réfugier dans la cathédrale de Clermont ; saisi sur le seuil et incarcéré, il put s'évader pendant la nuit et s'enfuir à Brioude dans l'église de Saint-Julien, lieu d'asile deux fois inviolable. Il finit par être repris, envoyé en exil et ses biens furent confisqués [1].

VIII. Salluste, *Sallustius* (555-560).

Chramn remplaça le proscrit par Salluste, fils d'Evode et petit fils du comte Hortense [2]. Ce patricien clermontois gouverna jusqu'à la chute du rebelle [3].

VII bis. Firmin rétabli (560-570).

Firmin, rétabli à ce moment, puis maintenu en fonctions sous Sigebert, fils de Clotaire Ier, fut l'un des deux comtes qui commandèrent l'armée franque chargée par Sigebert d'enlever la ville d'Arles à son frère Gontran. Il réussit à s'emparer d'Arles, avec son collègue Andovaire ; mais ils finirent par être battus et l'expédition échoua complètement. Firmin n'en conserva pas moins son office, intrigua sans succès contre l'élection de saint Avit au siége épiscopal de Clermont et donna asile à son beau-frère Pallade, comte du Gévaudan, lorsqu'il en fut chassé, sans pouvoir mettre un terme à ses malheurs. Pallade, rentré à Clermont, y devint fou et s'y suicida. Firmin quitta ses fonctions en 570 pour se rendre à Constantinople (571), où Sigebert l'envoyait en ambassade auprès de Justin II, empereur d'Orient [3]. Après son retour, qui eut lieu l'année suivante, il ne reparait plus dans les chroniques.

---

[1] *Hist. Franç.*, IV, 13.

[2] *Bull.*, 1898, p. 773.

[3] *Hist. Franç.*, IV, 30, 35, 39, 40.

Calmin (*Calminius* entre 571-585 env.).

A ne consulter que Grégoire de Tours, on ne sait par qui fut remplie la lacune entre 571 et 585, et l'historien de Clovis est resté muet sur ce point.

Or, précisément, la Chronique de l'abbaye de Saint-Chaffre en Velay, que ce savant ne paraît pas avoir connue, fait vivre un comte d'Auvergne du nom de Calminius ou Calmilius, qu'elle qualifie *senator et princeps urbis Arverniæ*[1]. Il est appelé *comes* et *dux* par les hagiographes. Le légendaire n'a inventé ni le nom, ni la nationalité arverne des Calmins; l'un d'eux, fait prisonnier par Euric au siège de Clermont en 474, reçut une lettre de consolation de Sidoine[2]. La Chronique de Saint-Chaffre fait fonder par le comte Calmin le monastère de Mozat sous l'empereur Justin (Justin II, 565-578) et sous le règne en France de Théodebert et de sa mère Brunehilde ou Brunehaut, qu'elle appelle à tort sa grand'-mère, se trompant d'un degré. Brunehaut régna, comme tutrice de son fils mineur Théodebert II, à partir de 577. C'est alors que Calmin aurait fondé Mozat aux portes de Riom et à 15 kilom. de Clermont, de concert avec sa femme Namadie. Les biens qu'ils donnèrent pour cet établissement sont en partie situés dans la banlieue de Riom et le Marais de Limagne, non loin et en vue de cette ville, tels que le bourg de Pagnan[3]. Il donna aussi Moingt *(Modon)* en Forez et dans l'évêché de Lyon, lieu où il y eut un palais; ainsi nommait-on certaines résidences de gouverneurs. Calmin serait mort à Mozat et y fut inhumé.

Une charte de cette abbaye, soi-disant délivrée par Pépin le Bref roi des Francs, le 7 février 764, confirme le fait de sa

---

[1] *Chronicon. Chartularium monasterii S. Theofredi Calmiliensis*, ch. 3 et 47. Abbé Ulysse Chevalier. — Voir aussi Le Cointe, *Annales VIII, an. 810, nº 90.* — Mabillon, *Annales ord. S. Bened. Sæc. III.* — *Gallia Christ. II, Vita S. Calminii ex veteri codice Mausiacensi.*

[2] Sidonius Calminio suo (*Lib. V, epist. 12*).

[3] Comm. de Saint-André-le-Coq, cant. de Randan, arr. de Riom. Pagnan est situé dans la partie du canton de Randan qui confine au canton de Riom. Le nom de Calminius, qui se prononçait *Calmi*, *Carmi* dans le peuple, a donné naissance au nom de *Garmi*, *Garmin*, si répandu comme nom de famille dans les pays où la Chronique place les possessions de Calminius, spécialement dans le Marais de Limagne. Ce fut à l'origine un prénom : « *Galmy* Sénaut, *Galmy* Rous », etc... (Terrier de Montgacon, dressé à Maringues; actes des 31 mars et 25 avril 1391 pour biens situés à Pagnan).

fondation par Calmin et sa femme ; elle doit être tenue pour une de ces pièces composées aux IXe ou Xe siècles, qui reproduisaient, sous la forme d'un acte direct, les chroniques ou les traditions du monastère. Apocryphe quant à la forme, on n'a pu la prendre en défaut quant à la nomenclature des biens qu'elle dit provenir de la première dotation de ses fondateurs.

Au premier aspect, elle ne semble pas d'accord, il est vrai, pour la date avec la Chronique de Saint-Chaffre, puisqu'elle fait posséder Mozât par le sénateur Calmin et sa femme avec l'agrément du roi Thierry; mais agrément peut s'entendre sans grande difficulté d'une ratification postérieure. D'ailleurs, le Thierry en question peut être Thierry II, petit-fils de Brunehaut, roi d'Austrasie en 612; et l'on sait que l'Auvergne dépendait de l'Austrasie. Il n'y aurait rien d'étonnant à ce que Calmin, qui quitta le monde pour s'ensevelir dans la retraite, ait vécu trente-cinq ans après avoir fondé Saint-Chaffre en 577. Le gouvernement de Calmin en Auvergne est donc possible après le comte Firmin et avant le comte Nicet historiquement prouvé en 581. M. Kurth, lui-même, déclare qu'on ne saurait affirmer que Nicet ait directement succédé à Firmin, sorti de charge en 571. S'adaptant ainsi à une lacune des documents historiques, l'administration comtale de Calmin a pour elle de très grandes probabilités, bien qu'elle n'ait pour base qu'une chronique anonyme de monastère. Quant à la qualification de duc, qui s'accorde aussi bien que celle de comte avec les mots *princeps urbis Arverniæ*, nous ne pouvons que répéter ce que nous avons dit déjà, qu'un duc était ordinairement un haut fonctionnaire préposé au gouvernement de plusieurs comtés, cités, ou provinces. Le successeur de Calmin va lui-même en fournir une preuve parfaitement historique.

IX. — NICET, *Nicetius* (585).

Avec Nicet, neveu par alliance de Grégoire de Tours, qui paraît pour la première fois comme comte des Arvernes en 585[1], nous rentrons dans le cadre des documents positifs et des témoignages contemporains. Grégoire l'a personnellement connu, ainsi que ses deux successeurs. C'était un noble

---

[1] *Hist. Franc.*, VIII, 18.

Arverne, très riche, fort intelligent, mais trop jeune pour se bien défendre contre l'expérience de ses rivaux. Il resta peu de temps en charge. Son compatriote et compétiteur Eulale réussit à le renverser du pouvoir. Nicet alla trouver le roi avec d'immenses présents, moyennant quoi il obtint de lui le gouvernement de l'Auvergne, du Rouergue et du pays d'Uzès avec le titre de duc[1]. Peu après, il était patrice de Marseille.

X. — EULALE, *Eulalius* (585-590).

Ce que l'on connait du comte Eulale par Grégoire de Tours n'est qu'un de ces dramatiques romans mérovingiens où les mœurs barbares ne trouvent de freins que dans l'Eglise. Lui aussi et sa femme Tétradie appartenaient au patriciat arverne. Très gravement soupçonné d'avoir tué sa mère, il est excommunié par l'évêque. Réconcilié bientôt par le prélat dans la basilique de Brioude, il se lance dans une vie dissolue, bien qu'il soit père de deux enfants. Outragée et lassée, Tétradie se laisse ou se fait enlever par Verus, neveu de son mari. Eulale tue le ravisseur. Tétradie se réfugie chez le duc Didier (de Toulouse ?). Eulale va porter plainte au roi Gontran contre son rival, mais trouvant Didier très bien en cour et se sentant lui-même en défaut, il n'ose ouvrir la bouche à l'audience où il est reçu ; et il revient en Auvergne couvert de ridicule et de confusion[2]. Quand Didier fut mort, il intenta contre sa femme non une demande en réintégration du domicile conjugal, mais un procès en restitution des objets qu'elle en avait emportés en le quittant. Un synode d'évêques et de comtes s'assembla en 590 pour trancher le litige « sur les confins de l'Auvergne, du Rouergue et du Gévaudan », c'est-à-dire dans cette étroite langue de terre du canton de Chaudesaigues, en Haute-Auvergne, qui s'enfonce entre la Lozère et l'Aveyron[3]. Tétradie s'y présenta comme veuve de Didier.

---

[1] *Hist. Franç.*, VIII, 18.

[2] Greg. Tur., *Hist. Franc.*, VIII, 18, 27 ; X, 8.

[3] Il y avait en 911 à l'extrémité de cet isthme, un chef-lieu de circonscription vicariale appelé *Civitas vetula*, indice de l'importance du lieu à cette époque. (Cartulaire de Brioude, charte 265, à rapprocher de la charte 200 du même Cartulaire relative à Chaudesaigues). *Civitas vetula* qui est aujourd'hui l'insignifiant hameau de Villevieille (commune de Saint-Urcize), correspon-

« La seule figure sympathique de cette triste famille est celle du fils aîné, Jean, qui semble avoir voulu, par la sainteté de sa vie, expier les fautes de ses indignes parents ». Il revint de la cour de Didier à Clermont, « entra dans les ordres, et, devenu archidiacre de Rodez, il donna l'exemple d'une vie austère et mortifiée, se nourrissant de pain d'orge, ne buvant que de l'eau, portant des habits grossiers et n'ayant d'autre monture qu'un âne[1] ».

Dracolène.

Après Eulalo, la *Vie de Saint Genès* place le pèro de ce saint, Dracolenus Industrius Genesius. N'ayant pour lui qu'une hagiographie légendaire, écrite on ne sait pas au juste quand et sans appui dans les textes historiques, M. Kurth, fidèle à sa méthode, l'a banni de son catalogue; il n'en parle même pas.

XI. Vénérand, *Venerandus* (590-593).

Grégoire, mort en 593, raconte un miracle advenu récemment, dit-il, sous l'administration du comte Vénérand dans l'Auvergne, sa patrie. On suppose qu'il resta en fonctions à peu près jusqu'à la fin du siècle.

Ainsi pendant cent vingt ans environ, sauf au cours de son insurrection sous le roi Thierry Ier et l'espèce d'état de siège qui la suivit, en tout une ou deux années, l'Auvergne ne fut gouvernée que par des indigènes de race gallo-romaine. « Une conclusion qui semble découler de ce fait, c'est que la conquête franque n'a pas dû introduire en Auvergne un fort contingent de barbares; autrement on s'expliquerait mal que pas un de ceux-ci ne figure sur les listes de ses gouverneurs, à une époque où cette province était encore travaillée par des velléités d'opposition à ses nouveaux maîtres »[2].

---

drait parfaitement à la situation topographique indiquée par Grégoire pour le synode, qui dut évidemment s'assembler en un lieu habité de quelque importance.

[1] *Ibid.* — Kurth, *loc. cit.*, p. 782.

[2] Kurth. *Les Nationalités en Auvergne au VIe siècle* (Bull. de l'Acad. royale de Belgique. Classe des Lettres, 1900, n° 4, p. 221).

Nous ajouterons que la *gens*, telle qu'on la comprenait à Rome, n'existe plus depuis au moins le IVe siècle ; des *gentes* arverno-romaines, héritières des chefs gaulois, est sortie une caste noble, honorée, et, il le faut bien, populaire, sans quoi elle n'aurait pas réussi à s'imposer à la fois aux souverains, même aux rois conquérants, et à la masse ; elle eût été brisée par en haut ou par en bas. C'est le groupe des familles sénatoriales de la nation arverne, dont le foyer est à Clermont, siège de l'évêché. L'évêque et le comte tiennent le pays dans leurs mains, et ce sont elles qui fournissent les comtes et les évêques. Il y a de l'obscurité dans la fonction de ces sénateurs, de ce Sénat ; il n'entre pas dans le cadre de notre courte notice d'en dissiper les brouillards. Mais ce qui ressort avec un grand relief est l'énorme influence politique de la classe sénatoriale ; elle ne peut guère s'expliquer que par l'esprit de clan. Ces gens-là ont une nombreuse clientèle, une foule de colons, des terres immenses. Ces terres sont divisées en deux parts : l'une, où ils résident habituellement, est située dans les plaines fertiles de Basse-Auvergne, à la portée de Clermont, où ils ont leur résidence hivernale ; l'autre dans la montagne, pour s'y ménager des lieux de refuge en cas de guerre ou d'alerte, les *montana castella sedes perfugii*, ainsi que Sidoine Apollinaire les appelle très clairement dans sa lettre à Aper [1]. Jusqu'au XIIIe siècle au moins les mœurs féodales conservèrent cette coutume et les partages des grandes familles montrent pour la plupart la division des domaines de l'auteur commun opérée de façon à laisser à chaque branche une part des possessions de plaine et une part des terres de montagne, au lieu de répartir par corps de biens, comme nous le faisons aujourd'hui.

Grégoire nous donne de très rares renseignements sur les lieux du Haut Pays. S'il s'agit le plus souvent de la « Ville d'Auvergne » dans ses récits, c'est que Clermont était le centre de la vie politique d'une province qui s'étendait du Berry et de la Bourgogne jusqu'au Quercy sur une soixantaine de lieues de long.

En revanche, c'est la montagne qui avait fait la race ; c'est elle, la Haute-Auvergne surtout, qui valut à la Basse, beaucoup plus que la diplomatie de Sidoine, la bravoure d'Ecdi-

[1] *Epist. Lib. V, épist.* 4.

cius et le patriotisme des habitants, le maximum d'autonomie possible, l'avantage d'être gouvernée par ses enfants, non par des barbares. Cette cause dont M. Kurth ne s'est pas enquis, fut certainement l'une des principales. Le même phénomène s'est produit dans les régions montagneuses ou peu accessibles de tous les temps et de toutes les nations. Une population entourée de refuges naturels où les armées ne pouvaient s'engager sans les plus redoutables périls, était moins facile qu'une autre à écraser; elle éprouvait par là même un plus grand amour de l'indépendance, un attachement plus profond à ses usages, une plus vive haine de l'étranger qui les contrariait. Le vainqueur avait donc plus d'intérêt à la soumettre par les procédés plutôt que par la force. La politique des Visigoths et des Francs fut, somme toute, celle de César à la fin de la septième campagne des Gaules et de Charlemagne après la conquête de l'Aquitaine. Il y eut moins de hasard que l'effet d'une loi de nature dans les ménagements dont notre province fut l'objet.

Mais les éléments visigoths et francs ont-ils pénétré l'Auvergne aussitôt après la victoire de leurs armées? Dans quelle mesure la population indigène a-t-elle subi l'infiltration des barbares pendant les 130 ans environ qui se sont écoulés après la cession de l'Auvergne à Euric par l'empereur romain? Cette question, l'historien de la conquête franque se l'est posée, et il a apporté une solution nouvelle des plus intéressantes, dont il nous reste à faire part à nos lecteurs. Avant d'en parler, nous résumons dans le tableau qui suit le catalogue des comtes connus qui gouvernèrent l'Auvergne de 479 aux environs de l'an 600 :

Victor, *Victorius* (479-488).
Apollinaire, *Apollinaris* (après 488-506).
Hortense, *Hortensius* (516-527).
Sigivald (522-523 env.).
Beccon, *Becco* (523 env.).
Hortense rétabli (532).
Evode, *Evodius* (entre 532 et 540 env.) ?
Georges, *Georgius* (entre 532 et 555).
Britian, *Britianus* (entre 532 et 555).
Firmin, *Firminus* (555).

Salluste, *Sallustius* (555-560).
Firmin rétabli (560-570).
Calmin, *Calminius* (entre 571 et 585) ?
Nicet, *Nicetius* (585).
Eulale, *Eulalius* (585-590).
Vénérand, *Venerandus* (590-593 à 600 env.).

II

Les nationalités en Auvergne au VIe siècle[1]. — Peu ou pas de Francs.

En dressant une liste complète des habitants de l'Auvergne mentionnés dans les documents historiques et dans les inscriptions du VIe siècle, et en étudiant soit les renseignements fournis sur leur origine, soit la forme de leur nom, on arrive à se faire une idée très proche de la vérité, sur la proportion des nationalités parmi les habitants de cette province. Là encore, ce pays jouit d'une situation exceptionnelle en France; pour aucun autre on ne pourrait arriver à réunir 109 noms bien authentiques de personnes habitant la même province au VIe siècle. C'est le chiffre de la liste que M. Kurth vient de présenter en cette année 1900, à l'Académie royale de Belgique, dans une seconde et curieuse communication. Il n'est pas probable qu'on l'augmente jamais d'un nombre très sensible d'unités. Nous nous bornerons à analyser les résultats obtenus.

Sur les 109 noms relevés, 49 appartiennent au monde ecclésiastique dont 7 évêques, 2 archiprêtres, 1 archidiacre, 10 religieux, 4 religieuses.

Les 60 autres sont des laïques : 14 comtes, ducs ou chefs militaires; 22 membres de grandes familles, dont 9 femmes; et 24 membres de conditions inférieures ou inconnues.

---

[1] G. Kurth. *Bull. de l'Acad. royale de Belgique. Classe des Lettres 1900*, no 1, pp. 221-242. Indépendamment des écrits de Grégoire de Tours, l'auteur a eu recours au recueil d'épitaphes de M. Leblant. Il fait soigneusement suivre chaque nom de l'indication du document où il a été relevé.

Tous ces noms sont gréco-latins, sauf une quinzaine de forme germanique [1]. 35 offrent une formation grecque.

Presque tous ces 109 personnages sont des indigènes de l'Auvergne ; 4 seulement appartiennent à d'autres régions d'après les textes : Apruncule, évêque de Langres, retiré à Clermont, Abraham, qui venait de la Mésopotamie, saint Quintien et saint Honorat, africains réfugiés.

Les 94 personnes à nom gréco-latin ne sont pas des barbares immigrés, car « il est solidement établi qu'au VIe siècle, en Gaule, aucun Franc d'origine germanique n'a porté un nom gréco-latin ». D'autre part, il faut tenir compte de l'adoption accidentelle de noms germaniques par des gallo-romains ; ainsi est-il arrivé pour Bérégésile qui appartenait à la famille sénatoriale arverne d'Hortense et pour Gundulf, grand-oncle de Grégoire de Tours, de la famille des Georges ; ce Gundulf occupait à la cour d'Austrasie « les hautes fonctions de *domestique* » ; on ignore si son nom lui venait de naissance ou s'il l'avait pris. Or Grégoire, fils du sénateur de Clermont Florence, et d'Artémie, était gallo-romain des deux côtés. Les mariages, rares au début, de pères barbares avec des gallo-romaines favorisèrent par la suite le développement dans les Gaules de l'onomastique d'outre-Rhin. L'usage n'en était pas encore très répandu au VIe siècle.

Quatre autres personnes parmi celles portant des noms germains sont vraisemblablement des gallo-romains : Ascovind, Léobard, Sunniulf et Nivard. Ascovind est qualifié par Grégoire *civis Arvernus* [2], locution qui, dans sa pensée, désigne « un indigène auvergnat et par suite un homme de race gallo-romaine » ; car la signification politique du *civis* « a totalement disparu » dans les récits de Grégoire. De Léobard il dit que cet homme de lui entièrement connu, était un indigène d'Auvergne, non pas de famille sénatoriale, mais de condition libre [3]. « Ce n'est que parmi les Gallo-Romains d'Auvergne que la distinction entre les familles sénatoriales et les familles simplement libres avaient un sens », observe, à ce

---

[1] Anagilde, Ascovind, Becco, Beregisile, Bracchio, Caluppa, Gundulf, Innachaire, Léobard, Nivard, Rannihilde, Scapthaire, deux Sigivald, Sunniulf.

[2] *Hist. Franc.*, IV, 16.

[3] *Arverni territorii indigena genere quidem non senatoris, ingenuus tamen.* Ses parents ont leu[rs] propriétés en Auvergne ; ses fiançailles se célèbrent suivant les coutumes [...] romaines.

sujet M. Kurth[1], Sunniulf était abbé du monastère de Randan[2], s'il eût été d'origine barbare, l'auvergnat Grégoire n'eût sans doute pas manqué de nous l'apprendre, comme il l'a fait pour le thuringien Bracchio, fondateur du monastère de Vensat près Aigueperse, mort abbé de Menat en odeur de sainteté (576)[3]; et pour saint Sénoch, né dans une colonie de Taïfales en Poitou. S'il y avait effectivement quelques barbares se signalant déjà dans la vie religieuse au milieu des pays gallo-romains, ils étaient l'exception. Quant à Nivard, l'étroite amitié qui l'unissait au père de Grégoire, laisse aussi supposer, de préférence, une communauté de race.

Des neuf autres personnages que leur nom fait présumer germains, il faut retrancher Scapthaire et Innachaire amenés par Chramn en Auvergne, où ils sont restés peu de temps et qu'ils ont quittée pour n'y plus reparaître. Sigivald, parent du roi Thierry Ier, comme son fils Sigivald II, sa fille Ranihilde et son veneur Bracchio, dont il vient d'être question, étaient des Francs. Sauf Bracchio, qui se fit moine, aucun n'est resté; ils n'ont fait que passer rapidement. Après la mort de Sigivald Ier, son fils alla rejoindre son ami le roi Théodebert en Austrasie. Resteraient uniquement deux barbares, Anagilde et Caluppa, dont la nationalité visigothique est à peu près certaine[4].

De telle sorte que parmi les 100 personnes que nous trouvons en Auvergne au VIe siècle dans toutes les conditions de la société, il n'en est pas une seule d'origine franque avérée ou même probable qui s'y soit réellement établie à poste fixe. « L'idée d'une prise de possession ou d'une colonisation de l'Auvergne doit donc être absolument écartée. La population de l'Auvergne est restée homogène depuis la fin de l'Empire; la conquête franque n'y a introduit aucun élément nouveau dans une proportion appréciable »[5].

On a prétendu induire le contraire d'une phrase où Grégoire, parlant d'Eufraise, concurrent peu digne de Cautin à

---

[1] *Loc. cit.*, p. 231.
[2] Ch.-l. de canton, arr. de Riom, Puy-de-Dôme.
[3] *Vitæ Patrum, cap. XII, 3.*
[4] Kurth. *Doc. cit.*, 237-238.
[5] Ib., 239.

l'épiscopat d'Auvergne, dit qu'il enivrait souvent « les barbares », mais nourrissait rarement les pauvres[1]. Laissons au savant qui nous a fait le mieux connaître l'époque le soin de réfuter l'objection. « Ces barbares, au dire de Roth[2], sont des Francs germaniques, et son opinion est partagée, si je ne me trompe, par tous ceux qui se sont occupés de notre passage. Mais c'est là préjuger la question, et c'est la trancher fort mal, attendu que tous les Francs ne sont pas des barbares[3], ni tous les barbares des Francs. On a déjà fait remarquer ailleurs un sens que le mot *barbare* avait pris dans les derniers temps de l'Empire et qu'il avait conservé dans les commencements de l'époque mérovingienne : c'est celui de *soldat*[4]. On est fondé à se demander si ce n'est pas de soldats que Grégoire veut parler plutôt que de Francs germaniques... En effet, en 571, année où Eufrasius brigua l'épiscopat, il y avait une quarantaine d'années que la garnison franque placée dans le pays par Thierry Ier en avait été retirée, et il y avait dix ou douze ans que Chramn était parti avec sa suite. Par contre, il y avait en Auvergne, et cela depuis le commencement du Ve siècle, une colonie de soldats barbares, qui y avait été établie par les empereurs : c'étaient les *Læti gentiles Suevorum* mentionnés dans la *Notitia dignitatum*[5]. Nul doute que les *barbari* fréquentés par Eufrasius ne soient de ces Lètes, les seuls soldats établis à demeure en Auvergne, au témoignage de nos sources. Je crois en trouver une preuve dans un autre passage peu remarqué de Grégoire de Tours. Racontant la vie de l'ermite saint Pourçain, il nous dit que ce religieux était le serf d'un *barbare* et qu'il fuyait souvent la maison de son maître pour se réfugier dans l'abbaye voisine. » L'auteur, après avoir rappelé que cette abbaye était celle qui a pris le vocable de saint Pourçain et dépendait de l'ancienne Auvergne[6], établit que le fait se pas-

[1] *Hist. Franc.*, IV, 53.

[2] *Geschichte des Beneficialwesens*, p. 63.

[3] Arndt. Edition de *Grégoire de Tours*. — Krusch, *Table onomastique* de la même édition, p. 935.

[4] Voir à l'appui : *La France et les Francs dans la langue politique du moyen-âge*. (Revue des Questions historiques, t. LVII, 366 et 5).

[5] *Præfectus Lætorum gentilium Suevorum Arunbernos* (alias *Arvernos*) *Aquitanicæ primæ*. (Steck, p. 207).

[6] Auj. Saint-Pourçain, ch.-l. cant., arr. Gannat, Allier.

sait à une époque où l'Auvergne était encore romaine, et où les Francs étaient encore confinés dans le pays de Tournai. Il en induit que le barbare en question ne pouvait avoir été un Franc ; qu'il devait être un soldat de l'armée impériale ou un vétéran retiré sur une terre concédée par le fisc ; que la tentative faite pour retrouver des Francs dans les *barbari* mentionnés en Auvergne par Grégoire de Tours est absolument illusoire.

« Et il faudra, conclut-il, biffer désormais l'Auvergne de la liste des provinces gauloises qui auraient reçu un appoint de population germanique, à la suite de la conquête de ce pays par les Francs [1]. »

La connexité entre les résultats obtenus par les deux études sur notre pays dont l'Académie de Belgique vient de s'occuper, saute aux yeux.

L'infiltration par les alliances se fit peu à peu, lentement d'abord, et s'accéléra à partir de Pépin le Bref. A dater du IXe siècle, la répartition des nationalités d'après l'origine des noms n'offre plus la même sûreté que dans le siècle qui suivit le démembrement de l'empire romain. Les optimats d'Auvergne, à la suite de longues relations avec la cour des Francs et de multiples faveurs reçues, donnent de préférence des noms germaniques à leurs enfants; la mode a changé. Des noms gréco-latins, il ne subsiste guère plus que ceux des saints du catalogue de l'Église.

Cependant il n'est pas admissible que du patriciat arverno-romain il ne soit rien resté au milieu du moyen-âge et que ces familles sénatoriales, qui, au VIe et au VIIe siècle, étaient encore tout dans le pays, se soient totalement évanouies. C'est d'autant plus invraisemblable que les Carlovingiens continuèrent, pour les personnages influents de ce pays plus facile à piller qu'à asservir, les ménagements dont les premiers conquérants avaient si habilement usé. Il y en eut qui conservèrent pieusement les noms romains, d'autres chez qui se gardait le souvenir de leur origine non barbare. Tel l'enfant né, vers le milieu du IXe siècle, du seigneur d'Aurillac, qui fut saint Géraud, dont le biographe du Xe rapportait

---

[1] *Loc. cit.*, p. 212.

qu'il était issu de races gallo-romaines. Pour la perpétuation héréditaire des noms romains, nous citerons en note l'exemple curieux d'une famille des IXe et Xe siècles, richement possessionnée en Haute et Basse-Auvergne, Quercy et Limousin, sans prétendre toutefois que nécessairement il s'en suive la preuve d'une extraction sénatoriale [1].

En résumé, il nous faut jeter par dessus bord, au moins pour l'Auvergne, ce qu'on nous enseignait dans notre jeunesse de l'expropriation du sol et des fonctions par les Visigoths et les Francs au détriment des indigènes. Ils n'ont pris chez nous ni le tiers ni le quart des terres; et l'Auvergne est entrée dans le monde féodal sous la protection de la vieille règle que tout homme était présumé libre, d'où sortit la maxime de notre coutume qu'il n'y avait pas chez nous de seigneur sans titre. Aussi est-on frappé du petit nombre de serfs mentionnés dans les cartulaires de Brioude et de Sauxillanges du VIIIe au XIe siècles.

---

[1] Voici le résultat de la combinaison des chartes 145, 25, 152, 117 du Cartulaire de Beaulieu; 278, 21, 318, 236, 265 de Brioude; 291, 58, 78, 783, 274, 413, 531, 700, 490 de Sauxillanges; 312 de Conques. Quelques-unes des filiations sont discutables. Trois générations consécutives d'Avitus y sont certaines :

Avitus
861. X grand-père en 874-891.
A Ingelberge.

Avitus 891 X 918 A Eldenode, sœur de Lucrèce et d'Engelmode femme de *Claudius*.	*Calistus* ou *Calixtus* *Calstus* *Calisto*.	*Antoninus* ou *Antonius*	Radramnus Rolrannus Rodrandus 887-918 A Pétronille.

Avitus Jeune en 891. Vit 960 A Adalberge et à Elie ou Elisée.	Rodranus Rodavus, Rodinus A Agino 930-941

Avitus moine à Sauxillanges vers 1000.	Geraldus 941-1001 A Emeldis et Ingelberge.	*Avitus* prêtre vers 965	*Christianus* 941. Teste en 974	*Rostanius* prêtre.

Eldigerias *de Langiaco* (Langeac)	Jasberia	Amaltrude

Comment ne nous intéresserions-nous pas, nous ses fils, à l'histoire d'un pays que les hommes supérieurs des nations voisines viennent chercher, de préférence à tant d'autres, pour en faire le terrain fécond de leurs recherches? N'y a-t-il pas quelque honte à nous laisser distancer chez nous?

III

Le Chateau ou Palais de Victorius

Des comtes de l'Auvergne dont on vient d'établir la série documentaire, le plus intéressant pour l'historien est le premier établi par les conquérants barbares, Victorius. Il sert de trait d'union entre la civilisation romaine et l'ère nouvelle. Du monde qui finit il a conservé le goût des édifices. A Clermont, il entreprend de construire tout un quartier. C'est un bâtisseur. Après Clermont, Brioude est le champ préféré où il se livre à ces habitudes, toutes romaines. Il orne de colonnes décoratives la basilique de Saint-Julien de Brioude, objet de sa particulière sollicitude; il en construit les chapelles souterraines. Il est donc tout naturel que ce bâtisseur, averno-romain suivant les plus grandes apparences, ait eu ou se soit construit une résidence à Brioude. D'autant plus naturel qu'ayant été fait « duc des Sept Nations » par Euric, roi des des Visigoths[1], l'Auvergne devint le centre de son immense gouvernement depuis l'extrémité nord du Berry jusqu'à la

---

[1] *Greg. Turon. Hist. Franc.*, II, 20. — On est quelque peu divisé sur la composition de ce gouvernement des Sept Nations, Sept Cités ou Sept Provinces. Mais on ne conteste pas que l'Auvergne, membre de la 1re Aquitaine, en ait fait partie. Le plus probable est qu'il était formé des deux Aquitaines, des deux Narbonnaises, de la Novempopulanie, de la Viennoise et des Alpes-Maritimes. L'Aquitaine mérovingienne la représente à peu près, et la Septimanie carlovingienne en fut un démembrement, de même que la partie française de la Septimanie devint le marquisat de Gothie. L'assemblée générale du groupe se tenait annuellement à Arles entre le 15 août et le 15 septembre. Les premiers rois barbares étendirent ou restreignirent du reste, suivant les nécessités de leur politique, les territoires qu'ils confiaient à leurs ducs dans cette région.

Méditerranée. Brioude, sur les marches de l'Auvergne, du Velay et du Gévaudan, était à peu près à moitié chemin sur la route de la Loire à Marseille [1]. Cette ville, très honorée et très fréquentée, pourvue d'un sol fertile sous un climat moyen, au bord de l'Allier, était assise sur l'une des grandes voies de communication du centre au midi de l'Aquitaine.

Or, nous allons trouver à Brioude, du commencement du Ve au XIVe siècle, le palais ou château de Victorius. Emile Mabille, étranger au pays, le dénomme le château de Vitri [2], Chabrol en fait « Victrac près Brioude » [3] et M. Chaix de la Varenne le château de Victoriac, faute de mieux [4]. Mais il n'existe et il n'a jamais existé que l'on sache ni Vitri, ni Victrac, ni Victoriac dans les environs de Brioude.

Une notice sur le palais ou château de Victorius intéresse l'ancien diocèse de Saint-Flour, vu que c'est le seul palais gallo-romain qui soit constaté dans son territoire pour les Ve et VIe siècles.

Un diplôme de Louis le Débonnaire du mois de mai 817 nous apprend que le *Castrum Victoriacum* était très rapproché de l'église de Saint-Julien [5] ; et une autre charte datée du 4 juin 821, sous le règne du même empereur, nous montre aussi ces deux monuments séparés l'un de l'autre par une très courte distance. Nous lui devons de savoir que les Sarrazins envahirent Brioude et livrèrent la basilique aux flammes [5]. On pense bien que le bourg et le château de Victorius

---

[1] Euric n'eut pas même à innover pour cette circonscription politique. Le 1er avril 412, l'empereur Honorius rétablit pour les « Sept Provinces » l'assemblée générale que Petronius, préfet du prétoire des Gaules, avait autorisée dix ans avant pour les « Cinq Provinces ». (Mabille. *Le Royaume d'Aquitaine et ses Marches*).

[2] *Le Royaume d'Aquitaine et ses Marches. Notes sur l'Hist. du Lang.*, p. 33.— M. Mabille s'est laissé influencer par le *palatium Victoriacum*, où le roi Henri Ier confirma le 10 septembre 1052 l'érection de l'abbaye de la Chaise-Dieu en Brivadois. (D. Bouquet, *Rer. franc. Script.* XI, 588). Il s'agit là du palais de Vitry-aux-Loges (canton de Châteauneuf-s.-Loire, arr. d'Orléans). Dom Ruinart et Adrien de Valois, tentés par des raisons analogues, disent Vitry en Champagne.

[3] *Cout. d'Auv.*, IV, 596 et 825.

[4] *Monumenta Pontificia Arverniæ.*

[5] *Cartulaire de Brioude*, ch. 252 et 239 : Quandam ecclesiam ubi Sanctus Julianus martyr requiescit quo est constructa in vico Brivatensi non procul a CASTRO VICTORIACO et a Sarracensis destructa et igne combusta erat (charte 339 de 825 du même Cartulaire). — La charte 252 dit en 817 : *Eccle-*

ne furent pas épargnés par ces systématiques destructeurs. Les Sarrazins n'ayant paru en Auvergne qu'entre 732 et 737, l'existence du *Castrum Victoriacum* se trouve donc prouvée avant cette époque, ce qui nous remonte aisément au VIe siècle. Cette habitation fortifiée et considérable est celle que les souverains, les princes et le chapitre de Brioude ont appelée au moyen-âge la *domum fortem seu* PALATIUM, château, acropole de la ville, en même temps que demeure des chefs ou des princes.

Aucun personnage du nom de Victorius ne montre la frange de sa toge ou la pointe de son épée, dans l'histoire d'Auvergne entre le comte qui la gouverne de 479 à 488 pour les Visigoths et l'incendie de Brioude par les Sarrazins. En revanche, celui-là a fortement marqué son empreinte chez ceux qui ont vécu près de lui, comme Sidoine, ou dans la mémoire de ceux dont le grand-père et les nombreux parents l'ont connu, comme Grégoire. Sidoine et Grégoire en parlent diversement parce que chacun d'eux a fixé davantage ses regards sur une partie différente de sa carrière ; peut-être aussi le clan des Georges, famille de Grégoire de Tours, n'appartenait-il pas à la fin du Ve siècle au même parti politique que les Avits et les Appollinaires. De là des échos discordants. Après les premiers cris de douleur et d'indignation arrachés à Caius Sidonius, le troisième des Appollinaires, évêque de Clermont, Défenseur de la Cité, l'ami du brave Ecdicius maître des milices des Gaules, par la lâcheté de l'empereur romain, lorsqu'en 475, il céda l'Auvergne aux Visigoths, le patriotisme de Sidoine s'inclina devant la nécessité, et le chef du parti national, devenu le chef des ralliés, ne pensa plus qu'à tirer le meilleur parti possible de la situation pour le culte et les libertés de son troupeau. Il eut besoin de Victorius pour cet œuvre, de même que Victorius eut besoin de lui pour maintenir sous son nouveau maître, qui était arien, une population très catholique, toute frémissante encore de sa récente résistance aux anciens persécuteurs. A eux deux, le comte et l'évêque purent rendre la transition douce aux habitants. Aussi l'évêque a-t-il fait un pompeux éloge du comte qu'il nous dépeint comme un homme très pieux [1].

---

siæ Sancti Juliani martyris CASTRO VICTORIACO, *ubi Ferreolus in Dei nomine vocatus abbas... presse videtur.*

[1] *Epist. C. Sidon. Appoll. Lib.* VII, *Epist.* 17.

Mais la puissance pervertit Victorius et ses excès finirent par le rendre odieux. Ces choses n'ont rien d'incompatible. La manière outrageante et barbare dont il fit périr un membre de la curie de Clermont, dans une ville où toutes les familles sénatoriales étaient parentes ou alliées, en le faisant attacher au pied d'une muraille qu'on renversa ensuite sur lui, fit déborder la colère publique. Obligé de fuir devant l'émeute, il quitta l'Auvergne et se retira à Rome avec un jeune praticien arverne, son compagnon de plaisir. Ce jeune homme était le propre fils ou petit-fils de l'illustre Sidoine, le père de la province, alors au comble de la popularité. On juge si le scandale fut éclatant. On ne tarda pas à apprendre qu'à Rome, après de nouveaux excès, Victorius avait fini par se faire lapider pour adultère vers 488 ou peu après [1].

De quelque façon qu'on l'ait jugé, ce premier ministre des barbares est le gouverneur de l'Auvergne qui a le plus fait parler de lui depuis la fin de l'ère romaine chez nous jusqu'à l'invasion sarrazine ; et sa mémoire était encore très vivante du temps de Grégoire de Tours. De même que la villa d'Avitus, près de Clermont, fut appelée *Avitacum*, de même le château du comte-duc Victorius [2], près du Brioude primitif, fut nommé *Victoriacum*. Cela signifie si littéralement l'habitation de Victorius qu'il ne serait pas possible de le traduire autrement.

Lorsque Clovis eut écrasé les Visigoths à Vouillé (507), l'édifice suivit le sort de la conquête et advint à l'un des membres de la famille du vainqueur, nommé Mondéric. Nombre de gens vivaient alors qui avaient connu le comte Victorius. Après la mort de Clovis, Mondéric réclama une part de son héritage à Thierry Ier, fils du roi Franc. Thierry se montrant peu disposé à faire droit à sa réclamation, le mécontent recruta une armée de paysans d'Auvergne vers 530 et se fit proclamer roi. Mais se voyant bientôt impuissant à tenir la campagne avec ces soldats improvisés contre l'armée que son royal parent fit marcher contre lui, Mondéric

[1] *Greg. Tur. De gloria martyrum. Hist. Franc.* II 20.

[2] Nommé tantôt duc à cause de son gouvernement général, et tantôt comte à raison de son commandement particulier en Auvergne dont le Brivadois dépendait.

« fortifia le *castrum Victoriacum* et s'y enferma avec tout ce qu'il possédait et tous ceux qu'il avait entraînés dans son parti[1] ».

Ce n'était donc pas un château de bois, de terre et de pierres sèches, une bicoque mérovingienne que ce château de Victorius. La preuve de son importance est dans ce fait que l'armée de Thierry ne peut le prendre d'assaut, et qu'après sept jours de siège infructueux, le fils de Clovis croit devoir recourir à un stratagème pour attirer Mondéric hors de ses murs et le faire mettre à mort. « Lorsque Mondéric fut mort, ajoute Grégoire, *on réunit ses biens au fisc*[2] ».

De ce récit, nous avons à retenir la transformation de la demeure de Victorius en une forteresse considérable digne

---

[1] *Ibid.* — La chronique d'Aimoin, moine de Fleury-sur-Loire, place formellement la révolte de Mondéric en Auvergne : *Mundericus, persuasis Arvernicis civibus, collecta etiam rusticorum non parva manus* CASTRUM VICTORIACUM *pervasit. (Chron. Aym. mon. Floriac.* Lib. II, cap. 8. D. Bouquet, III, 39). — Grégoire, lui, ne dit pas expressément quelle fut la province théâtre de la révolte. Mais de l'ensemble de son récit il résulte bien que c'est l'Auvergne : 1° Il place le récit du pronunciamento de Mondéric immédiatement après celui de la campagne du roi Thierry en Auvergne. *(Ibid. cap. 12 et 13)*; le dernier mot du chapitre 13 est celui de l'Auvergne; 2° Thierry vient de quitter, dit-il, cette province avec son armée, ce qui cadre avec ces mots du chapitre précédent et les complète : « Thierry fit marcher une armée pour punir Mondéric ». Il n'était donc plus sur les lieux. 3° Grégoire, patricien arverne qui connaissait parfaitement Brioude et très bien aussi l'histoire de Victorius, n'aurait pas manqué d'avertir le lecteur que le *castrum Victoriacum* qu'il nomme à propos de Mondéric, était différent de celui de Brioude. S'il n'a pas nommé la province où ce lieu était situé, c'est précisément parce qu'il a pensé que le nom du lieu suffisait à le désigner ; 4° Le moment et le lieu conviennent particulièrement à l'Auvergne : population exaspérée par les cruautés de Thierry pendant sa toute récente campagne dans cette province ; Thierry vient de tourner le dos, c'était bien l'heure propice pour un ambitieux de prendre les armes dans ce pays et d'exploiter son mécontentement. Il ne s'agit que de bandes de paysans ; l'argument tiré par les auteurs de l'*Ancienne Auvergne* (I. 371) de l'épuisement des Arvernes pour placer la révolte hors de la province n'a donc aucune force.

[2] *Greg. Turon, Hist. Franc.*, III 14. — Grégoire prête à Thierry un langage qui confirme leurs liens de parenté — « Viens à moi, lui envoie-t-il dire, et s'il t'est dû une portion de mon royaume, elle te sera donnée ». *(Ibid.)* C'était une ruse pour l'attirer et le tuer, ajoute, il est vrai Grégoire. Ce qui était la ruse était l'espérance offerte du partage. Mais s'il se fût agi d'une parenté mensongère, Thierry se fût contenté de traiter l'aventurier d'imposteur, et Mondéric n'aurait pu croire à l'offre de partager le royaume. Dans son *Epitome*, Grégoire lie les deux faits des métiens de Mundéric : 1° à la parenté, 2° à l'héritage : *Theodoricus Arvernos vastat, Mundericus, qui se parentem regi adscribebat regnumque* ei deberi dixit, a fasellibus Theodorici *occiditur, fraude deceptus.*

de rester la résidence des chefs du pays, sa non destruction par Thierry Ier et son annexion au fisc royal. C'était moins un château qu'une place fortifiée dans la banlieue du Brioude d'alors.

Du fisc de Sigebert III, fils de Dagobert Ier, à qui l'Austrasie comprenant l'Auvergne échut en partage, et dont l'autorité nominale subsistait encore dans la province en 629, le château de Victorius passa dans celui d'Odon, duc des Vascons, et très probablement roi d'Aquitaine, lorsqu'il eut fait la conquête de l'Auvergne aux environs de 700. Les Sarrazins l'incendièrent vers la fin de la vie de ce prince ; nous avons cité le document qui relate ce fait[1]. Le duc Hunaud, successeur d'Odon, n'eut pas le temps, au milieu de sa vie agitée (735-745), de restaurer des ruines probablement alors monumentales. Il se contenta de se faire construire très près de là, un peu en amont de Vieille-Brioude, à Mazérat-Aurouse (canton de Paulhaguet, arrondissement de Brioude), une de ces villas mérovingiennes qui n'étaient que de grandes fermes à un seul étage, blanchies à la chaux ; preuve qu'il était dans l'habitude des maîtres de la province d'avoir une résidence dans cette partie de la vallée supérieure de l'Allier[2].

Après la conquête de l'Auvergne par Pépin le Bref sur le duc Vaifer, successeur d'Hunaud, son fils Charlemagne donna l'abbatiat laïque de Brioude au comte Itier qu'il institua ou maintint comte d'Auvergne en 778, et qu'il gratifia également de l'abbaye de Saint-Martin de Tours.

Louis le Débonnaire reçut l'Auvergne et conséquemment le Brivadois, avec le château de Victorius, lorsqu'il fut fait

---

[1] *Cartul. de Brioude*, ch. 339.

[2] Sur un terrain en partie usurpé sur le chapitre de Brioude. — Dum non est incognitum quod Dominus Hunaldus, Princeps, ante hos dies, per prava consilia, aliquam villam in pago Limanico, de ratione sancti Juliani martyris, cui vocabulum est Maceriaco, visus est astruxisse ; postea, cœlesti auxilio monitus, superscriptam villam ipsi casæ Dei reddere ordinavit. *(Suit la mention de l'échange entre l'abbaye et le prince Waifer des deux tiers de Mazerat qui devront être tenus en précaire, contre la villa de Blanciago)*. Facta autem precaria mense septembri, XII° anno domini Waïfario Principe. *(Même Cartulaire, ch. 25)*.

roi d'Aquitaine par son père (781-814)[1]. Devenu empereur en 804, il le donna en bénéfice ainsi que le comté de Velay et celui d'Auvergne, ou tout au moins le comté mineur de Brioude à l'un de ses parents, Bérenger, duc de Septimanie et comte de Toulouse en 819, fils de Hugue, comte de Tours[2].

Le nouveau venu restaura les ruines du château de Victorius entre 814 et 825, en même temps qu'il reconstruisit la basilique de Saint Julien ; nous en avons la preuve formelle par le diplôme de Louis le Débonnaire[3].

Bérenger entreprit, en outre, de reconstituer le personnel et le patrimoine dispersés du célèbre monastère. En conséquence, il établit « 34 chanoines dans l'église de Saint Julien de Brioude et 20 dans le *château de Victorius* », afin sans doute d'utiliser les deux ruines et leurs territoires contigus. Puis il obtint de l'empereur un mandement interdisant à quiconque de distraire à l'avenir aucun des cent mas que ce prince avait restitués quelques années avant au patrimoine de Saint Julien[4].

Ce texte qui fait du château de Victorius et de la ville de Brioude deux localités différentes néanmoins rapprochées, résout le problème de la situation du Brioude primitif et de l'emplacement du palais gallo-romain. Le Brioude primitif, le *Brivas* de Sidoine et de Grégoire, celui où le monastère fut

[1] Il parait même avoir possédé en même temps l'abbatiat laïque de Brioude. La série de ces abbés offre du moins une lacune sous son règne en Aquitaine ; voir d'ailleurs la charte 339 de Brioude citée plus loin.

[2] *Vita Hludovici Pii.* Pertz 624, 612 — Thégan II, 203, 603 — Voir la charte 339 de Brioude pour ses possessions brivadoises et la charte 341 pour son comté de Velay.

[3] et [4] « ... *Ludovicus, divina imperante Providentia imperator augustus, notum esse volumus... quia postquam comitatum Brivatensem fideli nostro Berengario, illustri comiti concessimus, ille, ingenio quo valuit, quandam ecclesiam ubi Sanctus Julianus martyr corpore requiescit, quae est constructa* in vico Brivatensi, NON PROCUL A CASTRO VICTORIACO *et a Sarracenis destructa, et igne combusta erat, ad pristinum statum reduxit, et in eadem ecclesia constituit triginta quatuor canonicos, et in* CASTRO PREDICTO VICTORIACO, *quod similiter reædificavit, viginti, ut juxta canonicorum ordinem Domino militarent et canonice viverent ; quibus dedit rex et beneficio suo, scilicet de rebus prædictæ ecclesiæ Sancti Juliani mansos centum, unde eorum necessitates fulcirent et substentacionem haberent, viginti et predictis clericis in commune sexaginta, et abbati quem super se elegerunt, mansos quadraginta...* » (Ch. 339, Cart. Br.) L'empereur explique ensuite qu'à la prière du comte Bérenger, il interdit à quiconque de distraire aucun de ces manses de leur destination.

fondé au IVe siècle en l'honneur du martyr arverne Julien, n'est pas le Brioude actuel, mais le *Vetula Bricas,* textuellement « le Vieux Brioude »[1], c'est-à-dire Vieille Brioude, chef-lieu de commune du canton de Brioude, assis à quelques kilomètres seulement du chef-lieu, au confluent du ruisseau de Celoux et de l'Allier, en un endroit où la voie romaine franchissait la rivière sur un pont qui a donné son nom à la localité. On sait que *Bricas* signifie pont dans cette langue celtique parlée encore couramment au Ve siècle par les plus grands seigneurs[2]. Dans les controverses auxquelles ce problème géographique a donné lieu, la fixation de l'ancien *Bricas,* siège du monastère primitif de Saint-Julien, à Vieille Brioude, a pour elle l'opinion de trois des meilleurs érudits de l'ancienne Auvergne, Sirmond, Savaron et Dulaure[3].

Si le *vicus Bricatensis* de 825 était Vieille-Brioude et s'il nous faut trouver le château de Victorius à très peu de distance, possédant un collège de chanoines voués au même saint, comme l'exige impérieusement la 339e charte du cartulaire brivadois, nous sommes obligé de le placer dans le Brioude actuel, seule localité qui réponde à ces exigences.

La mesure prise par le comte Bérenger, si étrange en apparence, de répartir le chapitre entre deux maisons dans la même viguerie, 34 chanoines dans l'une, 20 dans l'autre, s'explique encore par une transaction entre la vieille ville et le bourg nouveau qui s'agrandissait chaque jour. Un partage des reliques accompagna certainement cette transaction.

Bérenger mourut subitement en 835 en se rendant à la diète de Crémieu[4]. Très peu après, une fusion inévitable s'opère entre les deux établissements vivant pour le même saint, du même saint, à une demi-lieue ancienne l'un de l'autre, et elle s'effectua naturellement au profit du *Castrum Victoriacum* qui assurait la protection militaire devenue indispensable en ces temps de troubles. On en a un indice des plus sérieux si ce n'est même une démonstration formelle dans la dénomination de *Vetus Bricale,* le Vieux

---

[1] et [2]. *Bricas,* le *Bridge* anglais ; le *Brie* en celtique, pont. Tous les Brives sont près d'un pont.

[3] Pour ce dernier qui a beaucoup écrit, voir *Description de l'Auvergne,* p. 526.

[4] *Vita Hludovici Pii.* Pertz, II, 619. Ou en 833 suivant un diplome de Pépin Ier, roi d'Aquitaine. *(Rec. des Histor.* VIII.)

Brioude, donnée dès 833 à la ville primitive par un diplôme de Pépin Ier, roi d'Aquitaine, fils de Louis le Débonnaire [1], par opposition à la nouvelle ville. Celle-ci prit sans effort le le nom des *canonici Brivatenses* qui la vinrent peupler. L'église et le château, il n'en fallait pas davantage pour assurer le développement de cette seconde station de Saint Julien. Les habitants et les moines se groupèrent là d'autant plus volontiers que les invasions normandes rendirent bientôt plus dangereuses les rives de l'Allier et que les murs gallo-romains du château de Victorius leur offraient un plus proche et plus sûr asile. Ainsi se fonda la ville démembrée de l'Auvergne en 1791, pour devenir le chef-lieu de l'un des arrondissements de la Haute-Loire.

Une des bandes de Normands qui incendièrent l'abbaye de Saint-Martin de Tours en 853, en dispersèrent tous les moines, et pillèrent la vallée de la Loire, remonta ce fleuve dont l'Allier, l'*Alliger* du moyen-âge, est le bras direct et principal dans son cours supérieur. Elle détruisit à Brioude l'établissement de Bérenger que d'autres bandes avaient peut-être même visité récemment. Aussi remarque-t-on à cette époque deux symptômes frappants dans la vie du monastère de Saint Julien : d'abord, une lacune de seize ans dans les donations, de 848 [2] à janvier 864 [3]; après quoi les donations, dont quelques-unes très opulentes, affluent et se précipitent au nombre de *cinquante-trois*, de 864 à 918, signe certain d'une restauration [4].

---

[1] *Gallia Christ. II, Instrum*, col. 108 Les rédacteurs de la *Gallia* attribuent ce diplôme à Pépin le Bref et le datent de 761; mais Mabillon et Lecointe ont rectifié leur erreur ; ils le restituent à Pépin Ier, roi d'Aquitaine, qui avait l'Auvergne dans son royaume.

[2] *Cartul. Brioude*, ch. 190.

[3] *Ibid*, ch. 176. Pendant ces seize ans, il n'y eut que deux donations, l'une de 858 environ, l'autre de 857. (Chartes 199 et 177). M. Alex. Bruel, notre très savant et sympathique compatriote (*Chronologie du Cartul. de Brioude*) a fixé la charte 199 à l'année 843. Mais elle est datée de « Charles, roi des Aquitains » qui est, semble-t-il, Charles, fils de Charles le Chauve, né vers 841, couronné roi d'Aquitaine le 15 octobre 855 à Limoges, tour à tour adopté et répudié par les Aquitains, et mort en 865-866, après Pépin II d'Aquitaine. Le prévôt Adalgise, qui figure dans la charte, était encore prévôt en 868-869 (ch. 56, 152, etc...)

[4] *Cart. Brioude*, ch. 77, 86, 152, 257, 172, 25, 198, 25, 29, 258, 34, 197, 219, 7, 131, 98, 175, 225, 23, 497, 603, 100, 123, 183, 207, 98, 285, 184, 208, 150, 181, 277, 165, 215, 151, 26, 317, 180, 30, 221, 275, 294, 336, 200, 226, 261, 214, 44, 51, 37, 192, 122.

Pendant cette lacune, ce sont les comtes carlovingiens d'Auvergne qui jouissent, en vertu du droit et de la force, de la prébende, des revenus, du titre d'abbé laïque, et du château du lieu [1]. Dans un acte fait sous le règne de Charles, roi d'Aquitaine (855-865), les moines de Brioude prennent le soin très significatif d'attester au public que le corps de saint Julien a échappé à la tempête normande et qu'il est sauvé intact, *intactum* [2]. Là était effectivement la meilleure chance de relèvement.

S'il se releva presque aussitôt en une seule maison dans le Brioude actuel, c'est que le gros œuvre inébranlable des architectes gallo-romains survivait d'ordinaire aux incendies, ce qui rendait l'édifice plus facile à promptement rétablir.

Le nouveau Brioude conserva, non dans son enceinte, mais dans les limites de son territoire et dans son patrimoine les trois églises de l'ancien, Saint-Vincent, Saint-André, Saint-Magnier. Une charte contemporaine de la première croisade (1096-1100 env.) porte la trace de l'immémorialité de la possession de ces églises de Vieille-Brioude par le monastère de la nouvelle ville [3]; et il faut bien que cette possession remonte à la restauration du comte-duc Bérenger en 825, car on ne trouve au cartulaire de l'abbaye aucun autre acte intermédiaire auquel elle puisse se rattacher [4]. Tout concorde ainsi dans l'identification du château de Victorius de 455-481 avec l'édifice fortifié et dénommé palais, que le Brioude actuel possédait encore à la fin du moyen-âge [4].

---

[1] Les comtes Bernard Ier et Guérin, Bernard II, Guillaume II. Ce n'est qu'en 871 ou 879 qu'on revoit la crosse et la prébende aux mains d'un prêtre, Frotaire, archevêque de Bordeaux puis de Bourges; encore n'est-il pas sûr qu'il n'y eût pas de liens de parenté ou d'alliance entre lui et les comtes d'Auvergne.

[2] *Cartul. Brioude*, ch. 199. Il est possible que Brioude ait été de nouveau envahi et détruit par les Normands lors de leur invasion de 864 où le comte Etienne périt en défendant la province contre eux. Le plus probable est que les Normands sont venus plusieurs fois à Brioude entre 840 et 864.

[3] In nomine Dei summi et intemerate matris Domini ejusque almi martyris Vincentii, necnon Andree et Magni ecclesias de *Vetula Brivate* que [*corr.* de quibus] antiquitus Brivatensi ecclesie possessio habetur; Ego Stephanus [de Vetula Brivate], filius Bernardi, etc... (Cartul. de Pébrac, ch. 5. Datée du règne de Philippe Ier).

[4] D'autres lieux ont été proposés, Saint-Ilpize, Vieille-Brioude, comme M. l'abbé Peyron, curé de cette paroisse, le dit dans un livre récent que M. Paul Le Blanc nous signale obligeamment. D'autres points encore auraient été proposés notamment par l'abbé Martinon, curé d'Auzon, au siècle dernier. Seul le Brioude actuel répond aux exigences des textes.

Désormais, si nous ne nous sommes pas trompé de piste, le *Castrum Victoriacum* réédifié sera le *palatium* des maîtres du comté mineur de Brioude, subdivision du comté d'Auvergne, qui apparait dans les documents avec Louis le Débonnaire, pour durer jusqu'à la fin du Xe siècle.

Ces maîtres, après Bérenger, furent les comtes d'Auvergne de race franque jusqu'à l'extinction des neveux de Guillaume le Pieux en 927-928, non seulement comme maîtres de la province, mais tout spécialement comme abbés laïques du riche monastère, où ils se succédèrent de père en fils pendant 82 ans, sauf une lacune de quelques années [1]. Et si l'on veut bien se rappeler que ces princes magnifiques, puissants et guerriers fréquentèrent et aimèrent Brioude; que plusieurs d'entre eux furent les premiers personnages du royaume des Francs après le souverain [2]; on trouvera tout simple que leur résidence de Brioude hors des cloîtres ait reçu, suivant l'usage, le nom de palais, en un temps où cette qualification se décidait moins encore par la richesse de l'édifice que par le rang de celui qui l'occupait. Ce fut la raison, sans doute, qui fit désigner ainsi leurs demeures de Clermont et d'Ennezat, en Basse-Auvergne.

Il y en aurait une raison plus particulière, s'il fallait tenir pour exact ce qu'ont dit Besly et Justel de la création à Brioude par Guillaume le Pieux, d'une milice chevaleresque chargée de défendre le tombeau de saint Julien contre les incursions des Normands [3]. Toutefois aucun document positif n'ayant été produit sur cette institution, nous n'insisterons

---

[1] Les comtes Bernard Ier (846-868); Guérin, probablement fils puiné du précédent (868-869); Bernard II Plantevelne *Planta pilosa*, fils aîné de Bernard Ier (869-874); Guillaume II le Pieux, fils de Bernard II (891-918; Guillaume II de Carcassonne et Razès, neveu maternel et successeur du précédent comme comte d'Auvergne et abbé de Brioude (918-927); Alfred II, frère du précédent (927-928).

[2] Le comte d'Auvergne Bernard Ier, marquis de Septimanie, neveu du comte-duc Gérard ou Géraud, gendre du roi Pépin Ier d'Aquitaine, comte d'Auvergne et des marches limousines, fut le ministre de l'empereur Louis le Bègue et le tuteur de ses fils Louis et Carloman. Guillaume II dit le Pieux et le Fort, comte du Palais de Charles le Simple, comte d'Auvergne, de Bourges, Mâcon, Velay, marquis de Gothie, duc d'Aquitaine, gendre de Bozon, roi de Bourgogne, beau-frère de l'empereur Louis l'Aveugle.

[3] Besly (*Hist. du Poitou*), dit avoir vu le titre. Justel (*Hist. de la Maison de la Tour*, I, 12-13) l'admet.

pas ; ce que nous venons de dire suffit à démontrer que le château de Victorius conserva sa destination militaire.

A la mort d'Alfred, comte d'Auvergne et duc d'Aquitaine, dernier neveu de Guillaume II (928), ce prince eut pour successeur dans l'abbatiat laïque de Brioude un de ses fidèles les plus chers, le vicomte Dalmas Ier [1], mari de Berthe et d'Engelberge, lequel gouvernait les frontières de l'Auvergne le long du royaume de Bourgogne (928-936) [2] ; puis le fils de celui-ci, le vicomte Dalmas II, mari d'Ildiarde, frère du vicomte Bertrand, époux de Foi. Il vivait encore en 982 [3]. La révolution féodale qui gronde en Auvergne depuis le milieu du Xe siècle, éclate alors avec furie, il s'ouvre une ère d'anarchie longue et sanglante où les seigneurs se disputent et s'arrachent les droits régaliens sur leurs terres, celles de leurs vassaux, sur les biens du fisc et ceux des églises. Les personnages dont la domination se succède à Brioude pendant cette période, de la fin du Xe siècle à la fin du XIe, sont bien toujours des gens à palais. Ce fut d'abord les seigneurs de Vieille Brioude issus d'Erail, fidèle du comte d'Auvergne Bernard Ier et parvenus au principat par suite du mariage de l'un d'eux, Etienne, avec Alaïs d'Anjou, fille du comte d'Anjou Foulque le Bon et sœur de Guy, évêque du Velay [4]. Avec son ambitieuse femme, il s'empara de tout à Brioude, ville, abbaye, château, si bien que leurs fils puînés Guillaume

---

[1] Voir le testament de ce prince (Bal., *Mais. d'Auv.*, II, 20, 21).

[2] *Cartul. de Brioude*, ch. 118, 275, 251, 315, 23, 30, 169, 167, 327, 272, 30, 63.

[3] *Cartul. de Brioude*, ch. 337 ; *Cartul. de Sauxillanges*, ch. 783, 58 ; *Cartul, de Cluny* (Baluze, *Mais. d'Auv.*, II 40) ; *Sauxill.*, ch. 367, 131 ; Baluze (*loc. cit.* et *append.*, p. 3 et p. 4, nº 30). De ces vicomtes Dalmas sont vraisemblablement sortis les vicomtes de Polignac ; peut-être aussi les seigneurs de Baffie et de Sémur en Brionnais.

[4] Cet Etienne *de Vetula Brivate*, qualifié *Senior*, puis vicomte, vivant dès 958, avait pour père Bertrand, *Senior* aussi, « fidèle et ami » du comte Alfred II (922-943). Erail II, père de Bertrand, était lui-même le « fidèle » du comte Guillaume le Pieux ; et son père à lui, Erail Ier, était en 882 le « fidèle » du comte Bernard II Plantevelue. (*Cartul. de Sauxillanges*, ch. 572, 17, 86, 729 ; *Cartul. de Brioude*, ch. 231, 205 ; *Gallia Christ. II Instrum.*, col. 326 ; Baluze, *Maison d'Auv.*, I 41 ; *Cart. Brioude*, ch. 105 ; *Sauxill.*, ch. 13 ; *Brioude*, ch. 315, 71, 83, 337 ; *Cartul. de Conques*, ch. 153. — Pons, comte de Gévaudan et de Forez, fils d'Etienne et d'Alaïs ou Adalaïs d'Anjou (1000-1011), fut lui-même un dangereux voisin pour Brioude. Le *Castrum quod dicitur Vetus Brivate* est nommé en 1060 (*Cartul. de Brioude*, ch. 572), mais il devait remonter au moins à Etienne qui en prenait le nom au siècle précédent. Voir aussi charte 237, datée du roi Louis, qui peut être Louis IV d'Outremer ou Louis V le Fainéant (986-987).

et Bertrand se qualifiaient comtes du pays. Il fut excommunié et mourut avant 998 [1]. Puis ce fut le comte Guillaume Taillefer que trois titres échelonnés de 1000 à 1011 nous montrent détenant la puissance temporelle de l'abbaye [2]; puis les vicomtes de Polignac, ces roitelets du Velay.

Comment le château passa-t-il alors des mains des abbés laïques ou de celles du chapitre de Brioude dans les mains du roi Louis VII le Jeune, nous ne savons pas au juste. On serait tenté de rapporter le fait à l'une des campagnes de Louis le Gros en Auvergne (1121-1126), qui « restitua, dit Suger, la paix aux églises de la province » envahies et dépouillées par les comtes [3]. Mais ce qui se passa entre son fils Louis VII et l'abbaye de Saint-Pierre le Moûtier, également tyranisée par de puissants voisins, nous inclinerait vers la supposition d'une sorte d'appel en pariage. En 1165, pour s'assurer une protection efficace de la part du roi, l'abbaye de Saint-Pierre lui offrit « en partage la moitié des revenus de Saint-Martin (dépendance de l'abbaye) *avec le château du lieu* sauf le cloître, qui restera en toute franchise à l'abbaye » [4]. Le roi accepta les offres.

Louis VII mit fin pour un temps à l'anarchie féodale en se rendant à Brioude entre le 22 août 1138 et le 1er avril 1139, avec le connétable, le bouteiller et le chancelier de France [5]. Il y tint dans l'ancien château de Victorius, devenu le Palais, un plaid où furent confirmés les privilèges accordés par Charles le Chauve à l'abbaye en 877; il y fut proclamé à nouveau que l'abbaye ne relevait d'aucune puissance humaine, si ce n'est du roi de France ou de son sénéchal muni d'une délégation royale; l'acte solennel en fut publié dans le palais même que le roi Louis dit sien : *Actum publice Brivate anno incarnati verbi M° C° XXXVIII° regni secundo, astantibus in* PALACIO NOSTRO *quorum nomina subtitulata sunt et signa*, etc... [6].

---

[1] *Consules, presules.*

[2] *Cartul. de Brioude*, ch. 119, 13, 323. — *Anc. Auv. et Velag*, III 190.

[3] Gesta Ludovici regis cognominae Grossi, p. 250, Aug. Molinier.

[4] *Rec. des Ordonn.* VII, 267. — Vidimus de Charles VII d'avril 1399 (Trésor des chartes. Reg. 135, n° 169); Luchaire, *Actes de Louis VII*, 261.

[5] Il venait de Clermont ; avant, de Bourges (*Ann. Bened.*, VI, 905 ; Martène, *Thesaurus anecdot.*, I 391).

[6] D. Achery, *Spicil.*, X, 619; *Rec. des Ordonn.* VIII, 413-414; *Trés. des ch., Reg.* 149, n° 272. — Brussel, *Usage des fiefs*, I, 507. — Luchaire, *Loc.*

Aucune équivoque ne paraît possible; on ne connaît pas dans l'histoire de Brioude avant 1138-1139, d'autre grand établissement féodal dans son enceinte que le *Castrum Victoriacum*.

Les vastes possessions de l'abbaye étaient une proie trop convoitée et Paris était loin. Les entreprises des seigneurs ne tardèrent pas à recommencer.

Brioude fut pris, repris, pillé, incendié à demi par les comtes d'Auvergne et Pons de Polignac d'un côté, ayant pour eux le prévôt et l'abbé ; de l'autre, par le parti du doyen, Odilon de Mercœur, frère de Béraud III, appuyé par l'évêque de Clermont, l'archévêque de Bourges, Archambaud V de Bourbon, et Pierre d'Ebrard, abbé brivadois de Saint-Germain-Lambron, sorte de moine-soldat, à qui Louis VII avait confié le gouvernement et la garde de Brioude. Nous savons par une lettre des bourgeois et du chapitre au roi, de 1162 à 1163, qu'Odilon de Mercœur, transforma la demeure du doyen en forteresse par des travaux militaires contraires aux bonnes coutumes de la ville[1]. Le doyenné était, croyons-nous, contigu à la partie du palais conservée par le chapitre. Au printemps de 1163, les comtes d'Auvergne et le vicomte vinrent l'y assiéger avec des machines de guerre et de nombreuses troupes[2]. Effrayé, le doyen remit sa demeure à Cadurque, clerc du roi et son délégué. Cette mesure n'arrêta pas les princes, qui donnèrent l'assaut, démolirent les fortifications nouvelles et la maison du doyen, et jetèrent même en prison, chargé de chaînes, malgré ses graves blessures, Pierre d'Ebrard, le représentant de Louis VII. Les Mercœur n'avaient pas été moins redoutables à Brioude : Ces puissants magnats, dont un proverbe de ce temps dit que « partout où un Mercœur posait le pied, tout était à lui », s'étaient fait

---

cit. — L'expression *actum publice* n'est employée dans la diplomatique du temps que pour les décrets édictés dans une assemblée publique ou un plaid.

[1] *Decanus castellum supra decaniam ædificavit ut vobis et nobis dominium villæ auferret et sibi vindicaret.* (Lettre des bourgeois de Brioude à Louis VII du commencement de 1163. (*Rerum Gallicanarum et francicarum scriptores*, XV, 13. Rééd. dans *Monumenta pontificia Arverniæ*; Chaix de la Varenne). — V. autres lettres des habitants au roi sur le même sujet. (*Rer. fr.*, etc., XVI, 41, et *Monum.*, etc., 193).

[2] ... *Et domum decani nequiter obsidentes eam machinis quoad possunt expugnant.* (Lettre du pape Alex. III à Louis VII, 1163. (*Patrol. lat. col.* 206). — Lettre du chapitre et de l'abbé de Brioude au roi, de la même époque. (*Rer. Gall. et fr. script.* XVI, 41 ; *Monum.* etc., 195).

livrer par le chapitre la fameuse couronne d'or, don de Charlemagne à saint Julien, et les pièces les plus précieuses du trésor de l'abbaye en garantie d'un prêt d'argent. Ils avaient pied dans Brioude et le voulaient pour eux.

Aux cris de détresse poussés vers lui par le doyen, d'Ebrard, le sire de Bourbon, l'évêque, l'archevêque et le pape, Louis VII arrive enfin avec des troupes entre les mois de mars et de juin 1163[1], bat les comtes et rétablit à Brioude une paix bientôt troublée. Six ans plus tard, il est obligé, en effet, de reparaître une troisième fois à la tête d'une armée pour faire cesser la tyrannie du vicomte Pons de Polignac et de son fils Erail ou Eracle, de nouveau maîtres de Brioude. Il les cerne, les fait prisonniers au château de Nonette, et va se reposer au palais de Brioude. Là il tient, comme en 1138, un plaid où furent prises différentes décisions intéressant la province. Il y fit notamment publier, pour l'abbaye de Mozat, une ordonnance datée dans les mêmes termes que celle rendue au même lieu trente et un ans avant : *Actum publice apud Brivatum, anno ab incarnacione Domini MCLXIX, astantibus in* PALATIO NOSTRO, *quorum nomina et signa subscripta sunt*[2]. Le palais survécut donc aux guerres civiles du XIIe siècle. Il survécut aussi aux guerres de Philippe-Auguste contre le comte d'Auvergne Guy II (1195-1212), aux batailleries interminables de ce prince et de l'évêque, des comtes d'Auvergne, du Puy, et du Dauphin. Il arrive ainsi à la guerre de Cent ans.

Les chanoines ayant négligé pendant longtemps d'entretenir les fortifications du vieil édifice, il ne fut pas d'un grand secours contre les Anglais. Brioude est la seule ville fermée de murailles et de quelque importance, de l'ancien diocèse de Saint-Flour que les Anglais aient pu prendre ou surpren-

---

[1] Luchaire, *Actes de Louis VII*, p. 66, et Aug. Molinier, *De glorioso Ludotico reje Ludocici filio*, p. 171-172. A la suite de *Gesta Ludocici Grossi*.

[2] *Gallia Christ.*, II, 244. — Bibl. nat., Fonds Baluze, LIV, f. 131 — Les mots *Palatio nostro* impliquent une propriété directe. On ne les trouve dans la diplomatique de Louis VII que pour les palais de son domaine personnel : Datum in palatio nostro Parisiensi le 29 mars 1161 (*Actes de Louis VII*, 261) ; Actum [Parisius] publice in palatio nostro (*Ibid.*, p. 18) etc... *Villa nostra*, lui disent les bourgeois de Brioude et le pape en 1163, en parlant de Brioude. Louis VII ne construisit certainement pas de palais à Brioude, c'est donc qu'il existait avant lui.

dre et occuper quelque temps. Seguin de Badefol, l'un des principaux chefs de la Grande Compagnie, l'un des vainqueurs de Brignais, s'en empara, le 13 septembre 1363 avant matines [1], y fut rejoint en peu de jours par un grand nombre de bandes et conserva pendant plus de dix mois cette place qu'on ne put délivrer qu'en la rachetant. Mais les fondations du palais étaient solides. Sur l'autorisation de Jean de Berry, duc d'Auvergne, le premier soin du chapitre, après avoir recouvré la ville dont il était seigneur, fut de le remettre en état de défense à ses frais (1365-1375). Comme en 1163, les bourgeois voulurent démolir, non pas le palais lui-même, mais les travaux récents qui l'avaient rendu plus fort. Ils prétendaient rendre « indéfensable », toujours en invoquant leurs franchises, une forteresse dont les maîtres ou les usurpateurs avaient fait contre eux un instrument d'oppression. Ils portèrent plainte à ce sujet au duc Jean. Le roi Charles V, frère de ce prince, faisant passer avant tout la défense du pays, leur interdit, par un mandement « accordé de grâce spéciale au chapitre » au mois de mars 1375, de procéder à cette démolition, et prescrivit au bailli des exempts de la province de veiller à l'exécution de ses ordres jusqu'à ce que les tribunaux compétents eussent décidé du procès. Que si les habitants avaient commencé déjà le démantèlement, le bailli devait faire remettre d'office et sans retard le palais au même état que devant. Voici en quels termes le mandement royal parle du monument :

Domus seu locus fortis dicte capituli in villa Brivatensi existens, vocata PALATIUM... *in statio* [corr. statu] *defensionis et tenabile, multum ville et patrie necessarium, cum si contigeret eamdem villam per alicuam manum occupari* [*quod absit!*] *ipsa villa recuperari possit et haberi per remedium et juvamen dicti fortalicii...* [2].

Il résulte de là que les rois avaient rendu l'acropole de la

[1] *Parcus Tholamus* de Montpellier, p. 263. Et non pas en 1160 ou environ comme le dit Chabrol (*Cout. d'Auv.*, IV, 123), reproduit par Mazure et beaucoup d'autres. — Seguin de Badefol garda Brioude quelques mois encore après le traité d'évacuation du 30 avril 1364 (*Spicil. Brivatense*, 411), ainsi qu'il résulte des registres de comptes consulaires de Montferrand. (*Archives municipales de Clermont. Reg. de 1364*).

[2] *Spicileg. Brivat.*, p. 414. C'est aussi l'avis de notre très érudit et obligeant collègue, M. Paul Le Blanc, de Brioude.

ville au chapitre. Ce texte, nous croyons l'avoir dit, est un lien d'identification entre le château de Victorius et le palais de Brioude. Ce qu'on appelait le Palais, depuis plusieurs siècles déjà, n'était autre chose que le château fortifié de la ville. Or, Brioude n'avait qu'une forteresse, et nous avons vu que le château de Victorius, situé dans le nouveau Brioude, était lui-même un monument militaire.

La possession du château comtal, unie à la seigneurie du chef-lieu de l'ancien comté carlóvingien de Brioude, favorisa les prétentions du chapitre au titre de comte de Brioude à l'exemple du chapitre de Lyon. Mais ce n'est que dans la seconde moitié du XXIe siècle, c'est-à-dire plus de cinq siècles après son extinction, que les chanoines du chapitre brivadois se décorèrent de ce titre honorifique, et d'ailleurs sans autre fondement que le consentement du prince et la consécration de l'usage. En tout cas il n'existait pas à la fin du moyen-âge.

L'emplacement du palais est occupé aujourd'hui par l'hôtel de ville et le tribunal de Brioude [1]. Il ne parait pas devoir être confondu avec l'hôtel de la sénéchaussée, mentionné dans un titre du 28 septembre 1311 et situé près de Sainte-Bonnette [2]. Le sens de palais dans l'acception de lieu où se rend la justice est très postérieur à Louis VII.

Il n'est pas possible de chiffrer le nombre de fois que le château de Victorius fut transformé, refait, divisé, approprié aux nécessités du temps, depuis la fin du bas-empire jusqu'à la fin du moyen-âge; mais il demeure, ce semble, établi qu'il avait conservé, à travers tant de siècles et de vicissitudes, sa destination de demeure des maitres de la région, les rois, les princes, les comtes, et le chapitre qui, se disant l'ayant-droit des comtes d'Auvergne dans l'ancien comté de Brioude, finit par en prendre le titre honorifique au XVIe siècle, plus de cinq cents ans après la disparition de cette circonscription carlovingienne.

---

[1] *Spicileg. Brivat.*, 102.

[2] *Ibid.*, 280.

NOTE COMPLÉMENTAIRE

SUR LA

SITUATION DE VICTORIACUS

Avec beaucoup de raison, Chabrol[1] a relevé l'erreur de Dom Ruinart et de Valois qui ont placé à Vitry en Champagne le *Castrum Victoriacum* occupé par Mundéric sous le roi Thierry Ier vers 530; bien qu'il eût pu se dispenser d'invoquer le témoignage d'Aimoin comme ayant « écrit dans un temps rapproché des événements », vu que ce chroniqueur rédigea sa compilation plus de quatre siècles après les dits événements[2].

Il parle aussi d'une ancienne charte où le nom de « Victrac » est employé « pour désigner Brioude qui en était proche », sans en indiquer ni la date, ni l'auteur, ni le gite. Nous ne pouvons donc nous en servir ; elle est probablement, du reste, une de celles que nous avons reproduites.

Mais il est utile de signaler dans la notice de Chabrol un désaccord qui pourrait, si on la lisait seule, créer une équivoque avec un autre lieu. Il intitule, en effet, son article « *Victrac près Brioude* » et renvoie comme preuve à la coutume de 1510[3].

Or, le procès-verbal de la coutume ne parle que de deux localités de ce nom : l'une « Vitrat » en Haute-Auvergne, c'est-à-dire Vitrac, chef-lieu de commune du canton de Saint-Mamet, arrondissement d'Aurillac, qui n'a rien à faire avec le château de Victoriacus, étant clairement exclu par les chartes carlovingiennes que nous avons citées ; l'autre en Basse-Auvergne que la Coutume place sous la rubrique

1. *Cout. d'Auv.*, IV, 825.

2. Aimoin, abbé de Fleury-sur-Loire, né vers 950, mort en 1008 après avoir rédigé sous le titre d'*Histoire de France* une compilation de médiocre valeur.

3. *Cout. d'Auv.*, IV, 857.

« Comté de Montpensier ». Le passage est ainsi conçu : « Les lieux de Chasteneuf, Sainct-Angel, *Victrac* et Queulhe, et les chastellenies de Chazelles, Ayat, Sainct-Gervais, villages de Saincte-Christine, Sainct-Cirgue, Chambonnet », etc.[1]... Ce Vitrac-là est, de toute évidence, la paroisse de Vitrac, contigue à Queulhe et à Saint-Angel, entre Saint-Gervais et Manzat (arrondissement de Riom). Il n'a donc aucun rapport avec le Victrac près Brioude. Chabrol le reconnait lui-même dans un autre passage[2].

Les textes complémentaires que nous ajoutons ici achèveront de dissiper toute confusion possible.

Au mois de février 924, le clerc Golfad, qui parait n'être autre que le frère d'Ilier de Mercœur[3] et connaissait par conséquent le pays à merveille, donne à la communauté des moines de Brioude, sous la réserve de l'usufruit viager au profit de son ami le prêtre Guaraco *alias* Gauraceus, tout ce qu'il possède dans la villa de Vertrago *alias* Veitrago [*corr.* Vectrago] avec ses mas, ses champs, ses prairies, ses forêts et ses saussaies » ; et il la place formellement « au pays d'Auvergne *dans la viguerie de Brioude* ». Il donne par le même acte au même prêtre tout ce qu'il possède dans la villa de Monteil située, dit-il, dans la même viguerie[4].

Peu après l'usufruitier vient à mourir après avoir remis au chapitre brivadois par un acte dont nous n'avons que le sommaire : « VICTORIACUS *in vicaria Brivatensi*[5] ».

---

1. *Cout. d'Auv.*, IV, 852.

2. *Ibid.*, IV, 596.

3. Cf. *Cartul. de Brioude*, ch. , 37, 5, 30, 57, 112, etc... et charte de fondation de La Voûte, en 1025 (*Acta SS, ord. S. Benedicti sæc.*, VI, 1° p. 631). C'était un clerc marié, tige probable des Rochefort, seigneurs du Saillant, Mardogne, Ally, etc...

4. « Gulfaldus, clericus, cedo Deo sanctoque Juliano in communia fratrum, de rebus propriis meis... Sunt autem ipsæ res *in pago Arvernico, in vicaria Brivatensi*. In villa Montilio, in ipso loco cedo... prata, mansos... et in villa Vertrago [*corr.* Vectrago] cedo mansos, campos, prata, sylvas, salicia... et fuit mihi voluntas ut deum amicus meus Guaraco, sacerdos, vixerit, prædictas res teneat et possideat.... Acta sunt hæc feria sexta, in mense februario, anno XXX regnante Karolo rege.... ». (Cartul. de Brioude, ch. 57). Plusieurs dates s'offrent à la discussion pour cette charte suivant le mode de comput du commencement du règne de Raoul (Alex. Bruel : *Essai sur la chronologie du cartulaire de Brioude*, p. 33) ; mais elles ne peuvent varier ici que très peu. Elles sont limitées entre 923 et la mort de Charles le Simple.

5. « *Victoriacus in vicaria Brivatensi*, Montilio simul omnia, Gauraceus sacerdos » (Baluze, *Mais. d'Auv.*, I. *Append.*, p. 8. *Vieilles Tables de Brioude*).

Du rapprochement de ces deux chartes, il résulte : 1° que *Victoriacus* est le même lieu que celui appelé Veitrago, Vertrago ou Vectrago, c'est-à-dire Vietrac ; que ce lieu dépendait de la circonscription vicariale de Brioude, ce qui correspond aux chartes carlovingiennes que nous avons citées et exclut très clairement tout lieu situé hors de cette viguerie[1].

On découvrira peut-être un jour, si ce n'est déjà fait, quelque mention de terrier, de liève, ou autres actes privés, localisant avec plus de précision l'emplacement. En l'état, ce qui nous paraît le plus vraisemblable est que la subdivision de paroisse qualifiée villa de Victoriacus était un quartier de la paroisse même de Brioude, composé de ce qui devint au moyen-âge le château de Brioude actuel et de dépendances rurales plus ou moins vastes situées dans sa banlieue. On sait d'ailleurs que le territoire des villes du moyen-âge, bâti ou non, était divisé en quartiers pourvus de noms particuliers[2].

BIBLIOTHÈQUE NATIONALE R.F. IMPRIMÉS

1. La viguerie carlovingienne de Brioude représentait l'étendue d'un à deux cantons et le canton de Brioude en était le noyau avec la ville de Brioude pour chef-lieu.

2 Le fascicule de la *Haute-Auvergne* contenant cette étude avait à peine été distribué que la *Revue d'Auvergne* paraissait à Clermont avec le texte in extenso des deux notices de M. Kurth. Les deux sœurs avaient eu la même inspiration sans s'être donné le mot. Nous apprenions en même temps que M. Kurth avait fait récemment un voyage en Basse-Auvergne.

TABLE DES MATIÈRES

BIBLIOTHÈQUE NATIONALE IMPRIMÉS

AURILLAC. — IMPRIMERIE F. BANCHAREL

DESACIDIFIE
à SABLE : 1934

www.ingramcontent.com/pod-product-compliance
Lightning Source LLC
LaVergne TN
LVHW010103230826
846091LV00005B/2077
9782012864054